ScottForesman Spanish Program

PASO A PASO

A

Festival de barriletes gigantes del Día de los Muertos, Santiago, Guatemala

ScottForesman Spanish Program

PASO A PASO

A

Myriam Met
Coordinator of Foreign Languages
Montgomery County Public Schools
Rockville, MD

Richard S. Sayers
Niwot High School
Longmont, CO

Carol Eubanks Wargin
Glen Crest Junior High School
Glen Ellyn, IL

Harriet Schottland Barnett
Manhattanville College
Purchase, NY
formerly of the Dobbs Ferry (NY)
Public Schools

ScottForesman
A Division of HarperCollinsPublishers

Editorial Offices: Glenview, Illinois
Regional Offices: Sunnyvale, California • Atlanta, Georgia
Glenview, Illinois • Oakland, New Jersey • Dallas, Texas

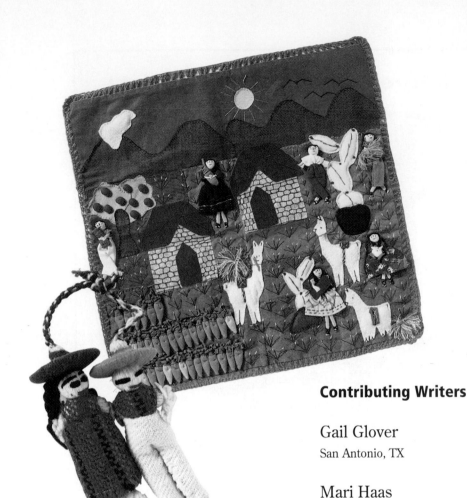

Contributing Writers

Gail Glover
San Antonio, TX

Mari Haas
Teachers College
Columbia University

Lori Langer de Ramírez
Poly Prep Country Day School
Brooklyn, NY

Albert T. Martino, Jr.
Chairperson, Foreign Languages
Norwich City School District
Norwich, NY

Zenaida Merced de Muslin
Upper School Spanish Teacher
Bank Street School for Children
New York, NY

ISBN: 0-673-21712–4
Copyright © 1996
Scott, Foresman and Company, Glenview, Illinois
All Rights Reserved. Printed in the United States of America.

For information regarding permission, write to:
Scott, Foresman and Company, 1900 East Lake Avenue, Glenview, Illinois 60025.

1 2 3 4 5 6 7 8 9 10 DQ03020 100 99 98 97 96 95
Acknowledgments for illustrations appear on page 294.
The acknowledgments section should be considered an extension of the copyright page.

Reader Consultants

The authors and editors would like to express their heartfelt thanks to the following team of reader consultants. Each of them read the manuscript, chapter by chapter, offering many suggestions and providing continual encouragement. Their contribution has been invaluable.

Sheree Altmann
Simpson Middle School
Marietta, GA

Isabel A. Bayon
Head, Foreign Languages
Bancroft School
Worcester, MA

Carolyn Bowman Carroll
Fairfax County Public Schools
Fairfax, VA

Lloyd Adolph Emshoff, M.A.
Teacher, Department Chair
El Toro High School
Lake Forest, CA

David B. Graham
Foreign Language Chairperson
Plainview–Old Bethpage Central
   School District
Plainview, NY

Kerri Holman
Eckert Intermediate
Aldine Independent School District
Houston, TX

Lewis C. Johnson
Hook Junior High School
Victorville, CA

Nancy A. Lee
Lincoln Junior High School
Mount Prospect, IL

Valerie Bryant Mantlo
Short Pump Middle School
Glen Allen, VA

Kaaran Martin
Beverly Hills Intermediate
Pasadena Independent School District
Houston, TX

Risima Micevic–Sayler
Dakota Hills Middle School
Eagan, MN

Gonzalo Moraga
Walter B. Hill School
Long Beach Unified School
   District
Long Beach, CA

Luci Platas
Team Leader
Taylor Road Middle School
Fulton Co., GA

Christine S. Wells
Cheyenne Mountain Junior High School
Colorado Springs, CO

Carmine R. Zinn
Pinellas County Schools
Largo, FL

Tabla de materias

EL PRIMER PASO

Capítulo 1

Y tú, ¿cómo eres?

Capítulo 2

¿Qué clases tienes?

CAPÍTULO 3

Los pasatiempos

Capítulo 4

¿Qué prefieres comer?

CAPÍTULO 5

¿Cómo es tu familia?

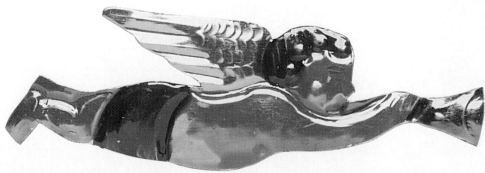

CAPÍTULO 6

¿Qué desea Ud.?

Sección de consulta

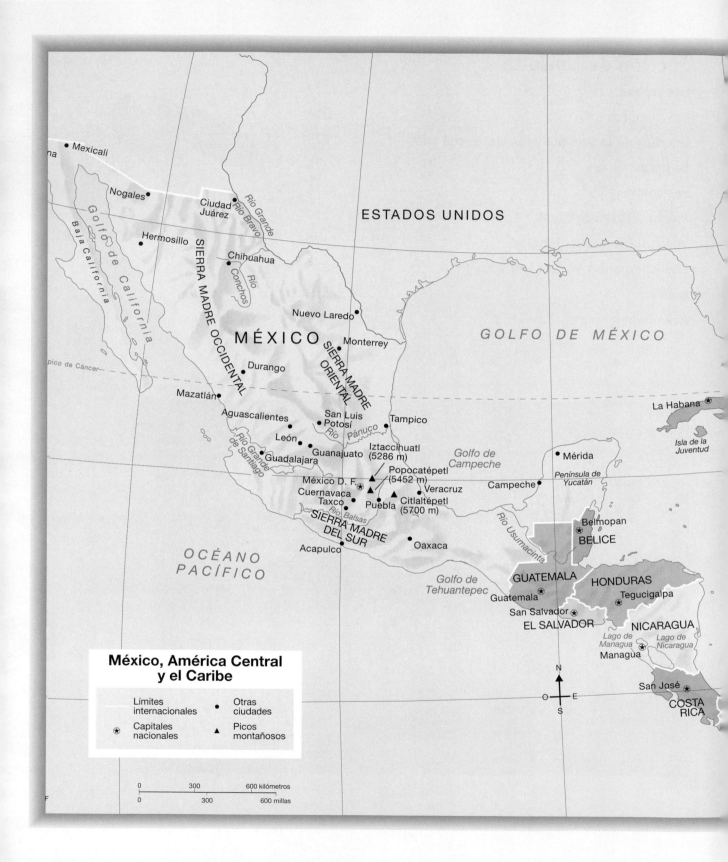

México, América Central y el Caribe

| Límites internacionales | Otras ciudades |
| Capitales nacionales | Picos montañosos |

Mexicali

Nogales

Ciudad Juárez

Hermosillo

Chihuahua

Nuevo Laredo

Monterrey

ESTADOS UNIDOS

GOLFO DE MÉXICO

Durango

Mazatlán

Aguascalientes

San Luis Potosí

Tampico

La Habana

León

Guadalajara

Guanajuato

Iztaccíhuatl (5286 m)

Popocatépetl (5452 m)

Mérida

Isla de la Juventud

Golfo de Campeche

México D. F.

Cuernavaca

Taxco

Puebla

Citlaltépetl (5700 m)

Veracruz

Campeche

Península de Yucatán

SIERRA MADRE DEL SUR

Acapulco

Oaxaca

Belmopan

BELICE

OCÉANO PACÍFICO

Golfo de Tehuantepec

GUATEMALA

HONDURAS

Tegucigalpa

Guatemala

San Salvador

EL SALVADOR

NICARAGUA

Lago de Managua

Lago de Nicaragua

Managua

San José

COSTA RICA

SIERRA MADRE OCCIDENTAL

SIERRA MADRE ORIENTAL

MÉXICO

Golfo de California

Baja California

Río Bravo

Río Conchos

Río Pánuco

Río Grande de Santiago

Río Balsas

Río Usumacinta

Trópico de Cáncer

N O E S

0   300   600 kilómetros
0   300   600 millas

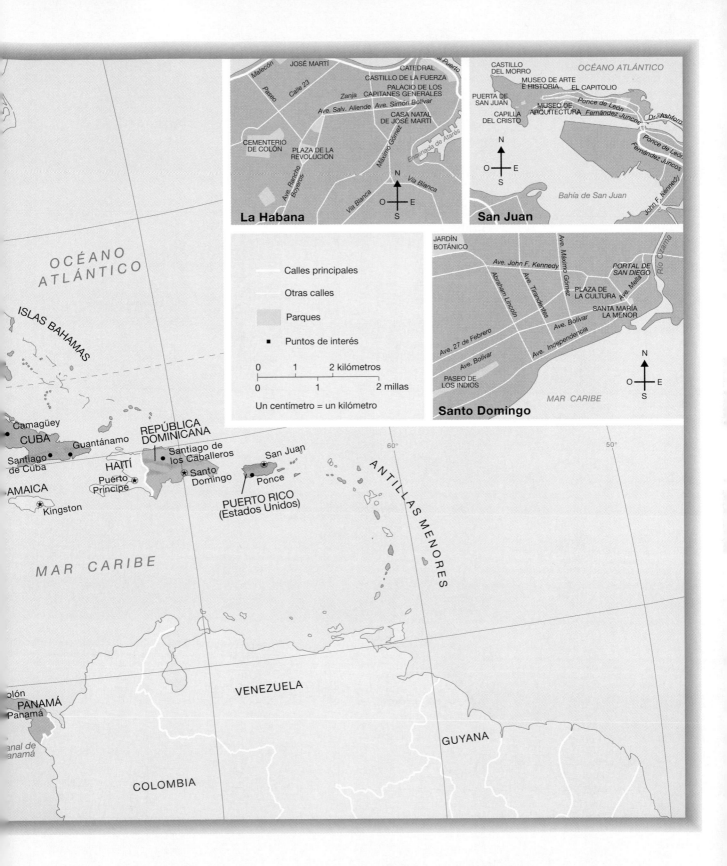

La Habana

OCÉANO ATLÁNTICO

Malecón
JOSÉ MARTÍ
Paseo
Calle 23
Zanja
CATEDRAL
CASTILLO DE LA FUERZA
PALACIO DE LOS
CAPITANES GENERALES
Ave. Salv. Allende   Ave. Simón Bolívar
CASA NATAL
DE JOSÉ MARTÍ
CEMENTERIO
DE COLÓN
PLAZA DE LA
REVOLUCIÓN
Ave. Rancho Boyeros
Máximo Gómez
Ensenada de Atarés
Vía Blanca
Vía Blanca
Vía Blanca

N
O   E
S

San Juan

CASTILLO
DEL MORRO
OCÉANO ATLÁNTICO
MUSEO DE ARTE
E HISTORIA
EL CAPITOLIO
PUERTA DE
SAN JUAN
MUSEO DE
ARQUITECTURA
Ponce de León
Fernández Juncos
Dr. Ashford
CAPILLA
DEL CRISTO
Ponce de León
Fernández Juncos
John F. Kennedy
Bahía de San Juan

N
O   E
S

Calles principales
Otras calles
Parques
■ Puntos de interés

0   1   2 kilómetros
0   1   2 millas
Un centímetro = un kilómetro

Santo Domingo

JARDÍN
BOTÁNICO
Ave. John F. Kennedy
Ave. Máximo Gómez
PORTAL DE
SAN DIEGO
Río Ozama
Abraham Lincoln
Ave. Tiradentes
PLAZA DE
LA CULTURA
Ave. Mella
Ave. 27 de Febrero
Ave. Bolívar
SANTA MARÍA
LA MENOR
Ave. Bolívar
Ave. Independencia
PASEO DE
LOS INDIOS

MAR CARIBE

N
O   E
S

OCÉANO
ATLÁNTICO

ISLAS BAHAMAS

Camagüey
CUBA
Guantánamo
Santiago
de Cuba
HAITÍ
Puerto
Príncipe
AMAICA
Kingston

REPÚBLICA
DOMINICANA
Santiago de
los Caballeros
Santo
Domingo

San Juan
Ponce
PUERTO RICO
(Estados Unidos)

60°   50°

ANTILLAS MENORES

MAR CARIBE

olón
PANAMÁ
Panamá
anal de
anamá

VENEZUELA

COLOMBIA

GUYANA

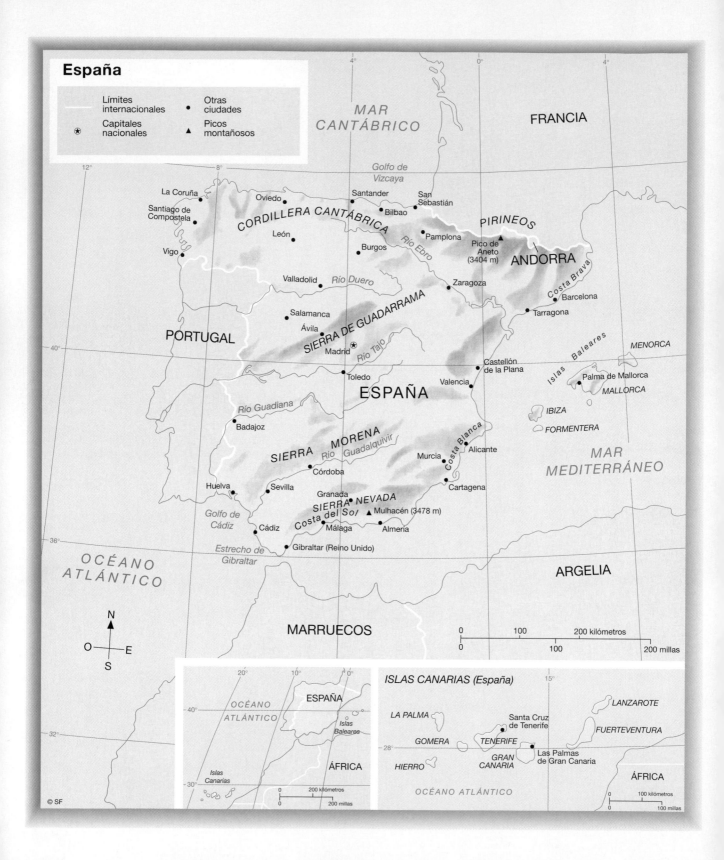

España

Límites internacionales
Capitales nacionales ✪
Otras ciudades ●
Picos montañosos ▲

MAR CANTÁBRICO

FRANCIA

Golfo de Vizcaya

La Coruña
Santiago de Compostela
Vigo

Oviedo
Santander
Bilbao
San Sebastián
PIRINEOS
Pamplona
ANDORRA
Pico de Aneto (3404 m) ▲

CORDILLERA CANTÁBRICA
León
Burgos
Río Ebro
Zaragoza
Costa Brava
Barcelona
Tarragona

PORTUGAL

Valladolid
Río Duero
Salamanca
Ávila
SIERRA DE GUADARRAMA
Madrid ✪
Río Tajo
Toledo

ESPAÑA

Castellón de la Plana
Valencia

Islas Baleares
MENORCA
Palma de Mallorca
MALLORCA
IBIZA
FORMENTERA

Río Guadiana
Badajoz
SIERRA MORENA
Río Guadalquivir
Huelva
Sevilla
Córdoba
Granada
SIERRA NEVADA
Costa del Sol
Cádiz
Málaga
Mulhacén (3478 m) ▲
Almería
Costa Blanca
Murcia
Alicante
Cartagena

MAR MEDITERRÁNEO

Golfo de Cádiz

Estrecho de Gibraltar
Gibraltar (Reino Unido)

OCÉANO ATLÁNTICO

ARGELIA

MARRUECOS

N
O — E
S

0   100   200 kilómetros
0   100   200 millas

OCÉANO ATLÁNTICO
ESPAÑA
Islas Baleares
ÁFRICA
Islas Canarias
0   200 kilómetros
0   200 millas

ISLAS CANARIAS (España)
LA PALMA
GOMERA
HIERRO
TENERIFE
Santa Cruz de Tenerife
GRAN CANARIA
Las Palmas de Gran Canaria
LANZAROTE
FUERTEVENTURA
OCÉANO ATLÁNTICO
ÁFRICA
0   100 kilómetros
0   100 millas

© SF

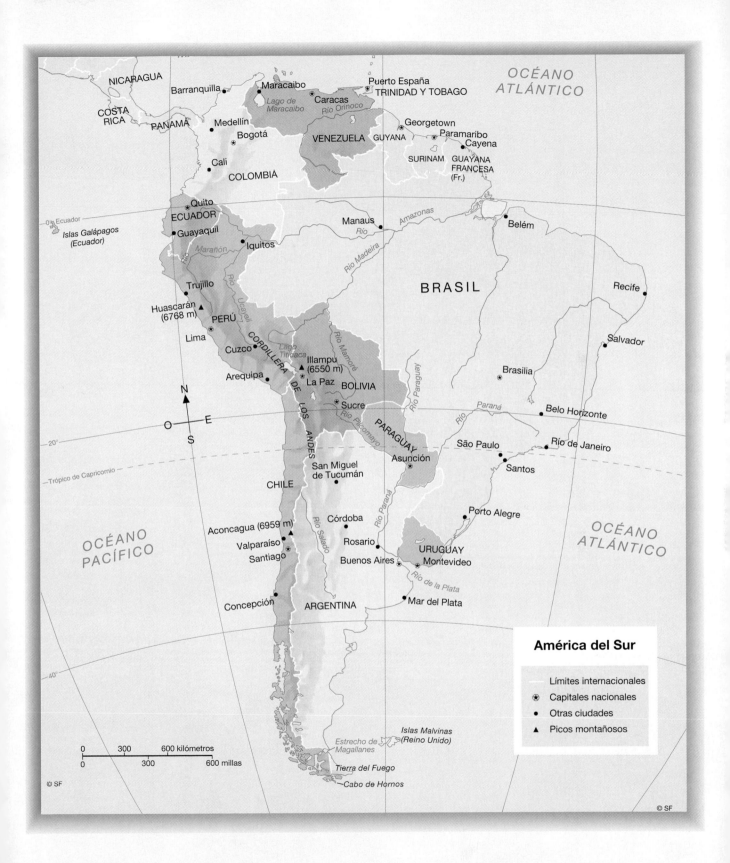

América del Sur

	Límites internacionales
⊛	Capitales nacionales
•	Otras ciudades
▲	Picos montañosos

OCÉANO ATLÁNTICO

NICARAGUA

COSTA RICA

PANAMÁ

Barranquilla

Maracaibo
Lago de Maracaibo
Caracas
Río Orinoco

Puerto España
TRINIDAD Y TOBAGO

Medellín

Bogotá

VENEZUELA
GUYANA

Georgetown
Paramaribo
Cayena

Cali

COLOMBIA

SURINAM
GUAYANA FRANCESA
(Fr.)

0° Ecuador

Quito

ECUADOR

Islas Galápagos
(Ecuador)

Guayaquil

Río Marañón

Iquitos

Manaus
Río Amazonas

Belém

Trujillo

Río Ucayali

BRASIL

Recife

Huascarán
(6768 m) ▲

PERÚ

Río Madeira

Lima

Cuzco
CORDILLERA

Lago Titicaca

Río Mamoré

Salvador

Arequipa

Illampu
(6550 m) ▲

La Paz

DE

BOLIVIA

Brasilia

N
O E
S

LOS

Sucre

Río Pilcomayo

Río Paraguay

Belo Horizonte

Río Paraná

20°

ANDES

PARAGUAY

São Paulo

Río de Janeiro

Trópico de Capricornio

San Miguel
de Tucumán

Asunción

Santos

CHILE

Córdoba

Río Salado

Porto Alegre

OCÉANO
PACÍFICO

Aconcagua (6959 m) ▲

Valparaíso

Santiago

Rosario

Río Paraná

URUGUAY

Montevideo

OCÉANO
ATLÁNTICO

Buenos Aires

Río de la Plata

Concepción

ARGENTINA

Mar del Plata

0   300   600 kilómetros
0   300   600 millas

Islas Malvinas
(Reino Unido)

Estrecho de
Magallanes

© SF

Tierra del Fuego

Cabo de Hornos

© SF

Mapas   XVII

el Primer paso

You are about to start on a wonderful journey through the Spanish-speaking world. To help get you off to a good start, this chapter, *El primer paso*, contains:

P Presentations of useful, everyday vocabulary so that you can start using Spanish right away

A Activities to introduce you to the rich cultures of the Spanish-speaking world

S Strategies to help you make sense of what you hear and read

O Opportunities to make new friends and understand your own language and culture better

Celebrando una fiesta en Pasto, Colombia

1

Estudiantes en Barcelona, España

el **P**rimer paso

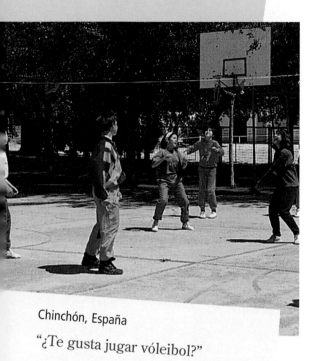

Chinchón, España

"¿Te gusta jugar vóleibol?"

En Lima, Perú, unos estudiantes van a la escuela en autobús.

OBJECTIVES

At the end of this chapter,
you will be able to:

- talk about the influence of the Spanish language and the cultures of the Spanish-speaking world

- greet people and introduce yourself

- ask how someone is feeling and tell how you are

- ask where someone is from and tell where you are from

- say good-by

- use the Spanish alphabet to spell

- use numbers to count and tell your age, phone number, and the date

- ask questions and respond to requests in the classroom

- use your textbook to help you learn Spanish

Vocabulario para conversar

¿Dónde se habla español?

In this section you will learn about the influence of the Spanish language and the cultures of the Spanish-speaking world.

Countries with the largest Spanish-speaking populations

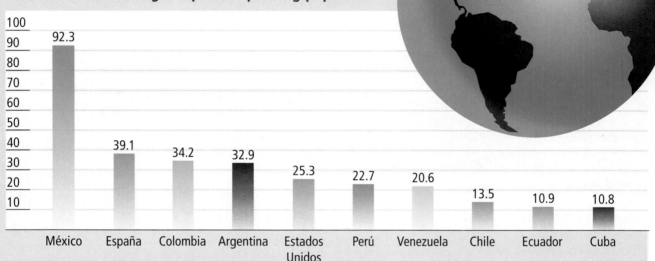

México	92.3
España	39.1
Colombia	34.2
Argentina	32.9
Estados Unidos	25.3
Perú	22.7
Venezuela	20.6
Chile	13.5
Ecuador	10.9
Cuba	10.8

Numbers shown in millions

Cities with the largest Spanish-speaking populations

Ciudad de México	20.8
Buenos Aires	11.6
Lima	6.8
Bogotá	5.9
Santiago de Chile	5.3
Madrid	4.5
Barcelona	4.2
Los Ángeles	3.9
Guadalajara	3.3
Caracas	3.2

Numbers shown in millions

A Work with a partner or in a group. Look at the graph of the countries with the largest Spanish-speaking populations. Where does the United States fall in rank order?

Now look at the graph of the cities. Can you find a U.S. city? Where does it fall in rank order?

B Which fact was most surprising to you or your partner or group? Which facts did you know before you saw these graphs?

C We use many words in English that come from Spanish. You probably already know some of these. Can you add more words to this list?

Animals: armadillo, pinto
Buildings: adobe, patio
Clothing: sombrero, chaps
Expressions: olé, adiós
Foods: salsa, tortilla
Western terms: rodeo, lariat
Geography: mesa, canyon
Weather: hurricane, tornado
Music/Dance: mariachi, tango
People: amigo, hombre
Place names: Amarillo, Los Ángeles, Colorado, Nevada

D We call Spanish a Romance language because it comes from Latin, the language of the Romans. Latin had a great influence on English too, so there are many words in Spanish that look and/or sound similar to English words. These are called *cognates*. Take advantage of this!

Can you figure out the meaning of these Spanish words?

- *aplicación*
- *béisbol*
- *clase*
- *conexión*
- *conversar*   - *farmacia*
- *delicioso*   - *laboratorio*
- *estudiante*   - *septiembre*
- *fabuloso*   - *vocabulario*

The word *ojo* means "eye" in Spanish. It is a reminder to pay attention. Whenever you see ¡OJO! you should look carefully because you will find important information.

Look again at the title of this section. What do you notice about the punctuation? In Spanish, both exclamations ¡. . . ! and questions ¿. . . ? have beginning and ending marks. The beginning marks let you know that what follows should be read as a question or an exclamation. You may also have noticed an accent mark on the *o* in *Dónde.* Your teacher will explain the use and importance of accents.

E Look at these photos and read the captions.

Can you figure out what these professions are in English?
Here is an additional list for you to practice with:

el actor / la actriz
el arquitecto / la arquitecta
el / la astronauta
el banquero / la banquera
el carpintero / la carpintera
el / la chofer
el científico / la científica
el / la dentista
el fotógrafo / la fotógrafa
el ingeniero / la ingeniera
el mecánico / la mecánica
el médico / la médica
el piloto / la pilota
el profesor / la profesora
el secretario / la secretaria

"Soy policía y soy de México."

"Soy arqueólogo y soy de Honduras."

- With a partner, discuss why knowing Spanish would be valuable in at least five of these careers. Be prepared to explain your reasons to the class.

- With a partner, make a list of six popular jobs or volunteer positions that students might have. Are there summer jobs in which knowing Spanish would be especially helpful? Which ones? Why?

"Soy veterinario y soy de Ecuador."

"Me llamo Lulu Flores. Soy de Texas y soy política."

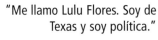

You have made a great decision to study Spanish.
Let's take it *PASO A PASO*, step by step.
You'll be communicating in Spanish very soon.

Vocabulario para conversar

¿Cómo te llamas?

Here are some words you will need to greet people, ask their names, introduce yourself, and say how you are. To help you understand the conversations, look at the pictures and think of what people usually say when they meet.

También necesitas . . .

Mucho gusto.	*Pleased / Nice to meet you.*
Igualmente.	*Likewise.*
Muy bien.	*Very well.*
Así, así.	*So-so.*

¡OJO!

You will need to learn both the new words that are pictured and the words in *También necesitas . . .* Writing words down will help you remember them, but be sure to copy them carefully. You could make flashcards with the Spanish word on one side and a picture or the English word on the other. Practice these with a classmate. If you practice with family members, maybe they can learn some Spanish too! You will find that practicing words for just a few minutes every day is the best way to learn them. Don't wait until the day before a test.

¡OJO!

También necesitas . . . means "you also need . . ." This section gives you additional words and phrases to help expand your conversations.

Here is a list of common names in Spanish. You might want to choose one that is equivalent to yours, or another name that you prefer to use in class. If your name is not on the list, you might choose your middle name or a name that starts with the same sound as yours. In which list would you look for your name, *muchachos* or *muchachas*?
Look at the names for a clue.

Nombres de muchachos

Adán	José Eduardo
Agustín	José Emilio
Alejandro (Ale)	José Luis
Andrés	Juan (Juancho)
Antonio (Toño)	Juan Carlos (Juanca,
Armando	Juaca)
Arturo	Julio
Benito	Julio César
Benjamín	Luis (Lucho)
Bernardo	Luis Miguel
Carlos (Chacho,	Manuel (Manolo)
Cacho)	Marco Antonio
Claudio	Marcos
Cristian	Mario
Cristóbal	Mateo
Daniel (Dani)	Miguel
David	Miguel Ángel
Eduardo (Edu)	Nicolás (Nico)
Emilio	Óscar
Enrique (Quique)	Pablo
Ernesto	Patricio
Esteban	Pedro
Federico	Rafael (Rafa)
Felipe	Ramón
Fernando	Raúl
Francisco (Paco)	Ricardo
Gerardo (Gérar)	Roberto (Beto)
Gonzalo	Rodrigo
Gregorio	Samuel
Guillermo (Guille)	Santiago (Santi)
Ignacio (Nacho)	Sergio
Jaime	Timoteo (Timo)
Jesús	Tomás (Tomi)
Jorge	Vicente
Jorge Luis	Víctor
José (Pepe)	

Nombres de muchachas

Alejandra	Lucía
Alicia	Luisa
Ana	Luz
Ana Luisa	Magdalena
Ana María	Margarita
Ángela	María
Bárbara	María del Carmen
Carmen	María Elena
Carolina (Caro)	María Eugenia
Catalina (Cata)	María José (Marijó)
Cecilia (Ceci)	María Luisa
Clara	María Soledad
Claudia	María Teresa
Cristina (Tina)	(Maite, Marité)
Daniela	Mariana
Diana	Marisol
Dolores (Lola)	Marta
Elena	Mónica (Moni)
Elisa	Olivia
Emilia	Patricia (Pati)
Esperanza	Pilar
Ester	Raquel
Eva	Rebeca
Gloria	Reina
Guadalupe (Lupe)	Rocío
Guillermina	Rosa (Rosi)
Inés	Rosario
Irene	Sara (Saruca)
Isabel (Chabela,	Soledad
Isa)	Susana (Susa)
Josefina	Teresa (Tere)
Juana	Verónica (Vero)
Julia	Victoria
Laura	Virginia
Lorena	
Lourdes	

Empecemos a conversar

In these exercises you will create conversations according to a model. With a partner, take turns being *Estudiante A* and *Estudiante B*. Use the words that are cued or given in the boxes to replace the underlined words in the example.  means you can make your own choices in your conversation. When it is your turn to be *Estudiante B*, try to answer truthfully.

1 Estudiante A —*¡Hola! Me llamo <u>Ana</u>. ¿Cómo te llamas?*
Estudiante B —*Me llamo <u>Pablo</u>.*
Estudiante A —*Mucho gusto, <u>Pablo</u>.*
Estudiante B —*Igualmente, <u>Ana</u>.*

Estudiante A   Estudiante B

Did you use your own name in the conversation? Now have the conversation again with five other classmates. Play both roles. Your teacher may ask you to tell your classmates' names, so you may want to write them down.

2 A —*<u>Buenos días</u>. <u>¿Cómo estás, Inés?</u>*
B —*<u>Muy bien</u>, gracias. ¿Y tú?*
A —*<u>Así, así</u>.*

Estudiante A   Estudiante B

Did you keep using the same answers for how you feel? Repeat this conversation with four other classmates. Show by your expression and your voice how a person might say *"muy bien"* and *"así, así."*

Empecemos means "Let's begin." What do you think Empecemos a conversar means?

You might want to look over the exercises first in order to get the idea of how to do them. If you need help, review the *Vocabulario para conversar* or *También necesitas . . .* sections.

Vocabulario para conversar

¿De dónde eres?

Here are some more words and expressions you will need to greet people and tell where you are from.

También necesitas . . .

¿Qué tal?	*How's it going?*
¿Y usted?	*And you?*
Hasta luego.	*See you later.*
Buenas noches.*	*Good night.*

¿Y qué quiere decir . . . ?

sí	o	señor	señorita
no	Adiós	señora	

* We usually use *Buenas noches* in the evening to say good-by.

Empecemos a conversar

For Exercise 1, refer to the map below.

1 A —¡Hola! Me llamo <u>Carlos</u>. ¿Y tú?
   B —Me llamo <u>María</u>. ¿De dónde eres?
   A —Soy de <u>Bolivia</u>. ¿Y tú?
   B —Soy de <u>Guatemala</u>.

Estudiante A   Estudiante B

Did you use your own name and country? Now repeat this dialogue with three classmates. Pretend to be someone else, and use different Spanish names and countries.

2 Now repeat the conversation with five classmates, using a city name from page 4.

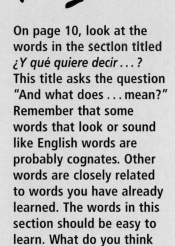

On page 10, look at the words in the section titled *¿Y qué quiere decir . . . ?* This title asks the question "And what does . . . mean?" Remember that some words that look or sound like English words are probably cognates. Other words are closely related to words you have already learned. The words in this section should be easy to learn. What do you think they mean?

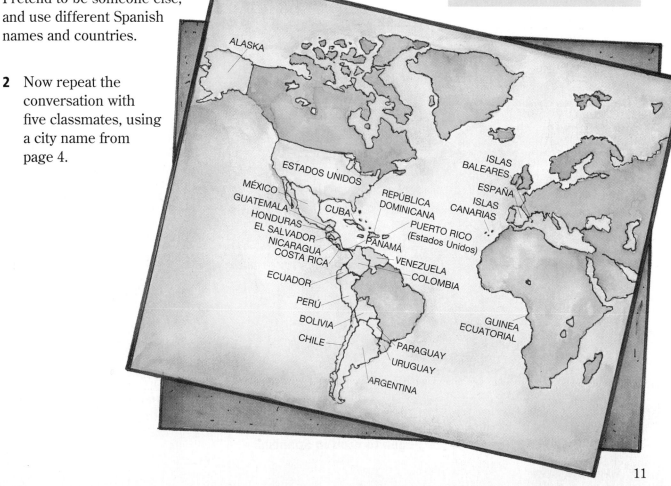

ALASKA

ESTADOS UNIDOS

ISLAS BALEARES

MÉXICO
GUATEMALA   CUBA
HONDURAS
EL SALVADOR   PANAMÁ
NICARAGUA
COSTA RICA

REPÚBLICA DOMINICANA
ESPAÑA
ISLAS CANARIAS
PUERTO RICO (Estados Unidos)

VENEZUELA
COLOMBIA

ECUADOR

PERÚ

BOLIVIA

CHILE

PARAGUAY
URUGUAY

ARGENTINA

GUINEA ECUATORIAL

Empecemos a leer y a escribir

Responde en español.

1 ¿Cómo te llamas?

2 ¿Cómo estás?

3 ¿De dónde eres?

Do you remember what *Empecemos* means? *Empecemos a leer y a escribir* means "Let's begin to read and write."

4 List four ways to greet someone.

5 What are two ways to say good-by?

6 How do you greet an older person and ask how he or she is feeling?

7 Read the following conversation, then respond to each statement with *sí* or *no*.

Profesor: Buenas tardes. Soy el señor Soto. Y tú, ¿cómo te llamas?

Estudiante: Me llamo Miguel Ángel Portillo. Mucho gusto.

Profesor: Igualmente. ¿De dónde eres? ¿De los Estados Unidos?

Estudiante: No, soy de Guatemala. ¿Es Ud. de Argentina o de Chile?

Profesor: Yo soy de Uruguay. Adiós, Miguel Ángel. Hasta luego.

Estudiante: Adiós, profesor.

a. The people in the dialogue know each other.
b. The teacher is a woman.
c. We know the last names of both people.
d. The student is from the United States.
e. The conversation takes place in the morning.

You may want to read the passage twice, once to get the general meaning, and a second time to try to figure out any important words you don't know. Often you can guess the meaning of a word just by how it is used. YOU DON'T NEED TO UNDERSTAND EVERY WORD TO GET THE OVERALL MEANING.

In this section you will write your answers in Spanish. You can refer to *Vocabulario para conversar* and *También necesitas . . .* or to the *Resumen* at the end of the chapter to check your spelling.

¡Felicitaciones! **You have now begun to read in Spanish.**

Vocabulario para conversar

La sala de clases

el profesor

¿cómo estás?

la pizarra

¿Cómo se escribe "igualmente"?

la profesora

pl. los estudiantes

la estudiante

el estudiante

el compañero, la compañera
pl. los compañeros

el pupitre

la hoja de papel

la mesa

LA AMÉRICA DEL SUR

el libro

el bolígrafo

También necesitas . . .

¿Cómo se dice ___ en español?	*How do you say ___ in Spanish?*
¿Cómo se escribe ___?	*How do you spell ___?*
Se escribe ___.	*It's spelled ___.*

The combinations *ch* (che) and *ll* (elle) also used to be considered separate letters in Spanish. In many dictionaries you will still find words beginning with *ch* in a separate section following the words that begin with *c*. The same is true of *ll*, which used to come after *l*. You probably know two Spanish words that begin with *ll*. HINT: You have been using one of them. The other one is the name of an animal.

EL ALFABETO

a	(a)	o	(o)
b	(be)	p	(pe)
c	(ce)	q	(cu)
d	(de)	r	(ere)
e	(e)	rr	(erre)
f	(efe)	s	(ese)
g	(ge)	t	(te)
h	(hache)	u	(u)
i	(i)	v	(ve *or* uve)
j	(jota)	w	(doble ve *or*
k	(ka)		doble u)
l	(ele)	x	(equis)
m	(eme)	y	(i griega *or* ye)
n	(ene)	z	(zeta)
ñ	(eñe)		

¡OJO!

The Spanish alphabet has two more letters than the English alphabet. Can you find them?

Empecemos a conversar

1   A —¿*Cómo se dice "*pen*" en español?*
       B —*Bolígrafo.*

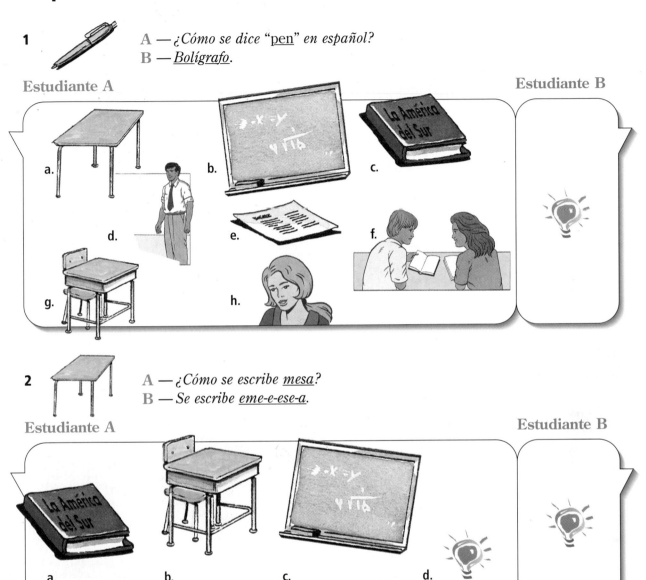

Estudiante A

a.
b.
c.
d.
e.
f.
g.
h.

Estudiante B

2   A —¿*Cómo se escribe *mesa*?*
       B —*Se escribe *eme-e-ese-a*.*

Estudiante A

a.
b.
c.
d.

Estudiante B

Have the following conversation with four classmates.
As they spell their name, you write it down from dictation.

3 A —¿*Cómo te llamas?*
      B —*Me llamo *Esteban Rodríguez*.*
      A —¿*Cómo se escribe tu nombre?*
      B —*E-ese-te-e-be-a-ene. Ere-o-de-ere-i-acento-ge-u-e-zeta.*

Vocabulario para conversar

Uno, dos, tres, . . .

¡ojo!

Spanish calendars begin the week with Monday (*lunes*) and end with Sunday (*domingo*).

MARZO

el mes — la semana — el día

LUNES	MARTES	MIÉRCOLES	JUEVES	VIERNES	SÁBADO	DOMINGO
						1 UNO
2 DOS	3 TRES	4 CUATRO	5 CINCO	6 SEIS	7 SIETE	8 OCHO
9 NUEVE	10 DIEZ	11 ONCE	12 DOCE	13 TRECE	14 CATORCE	15 QUINCE
16 * DIECISÉIS	17 DIECISIETE	18 DIECIOCHO	19 DIECINUEVE	20 VEINTE	21 VEINTIUNO	22 VEINTIDÓS
23 VEINTITRÉS	24 VEINTICUATRO	25 VEINTICINCO	26 VEINTISÉIS	27 VEINTISIETE	28 VEINTIOCHO	29 VEINTINUEVE
30 TREINTA	31 TREINTA Y UNO					

¡ojo!

The days of the week and months of the year do not begin with capital letters in Spanish. On calendars, however, people sometimes do capitalize them.

¿Cuándo es tu cumpleaños?

Mi cumpleaños es el 3 de diciembre.

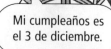

* You will also see the numbers 16–19 written *diez y seis, diez y siete, diez y ocho, diez y nueve.* The numbers 21–29 may also be written *veinte y uno, veinte y dos,* and so on.

16   El primer paso

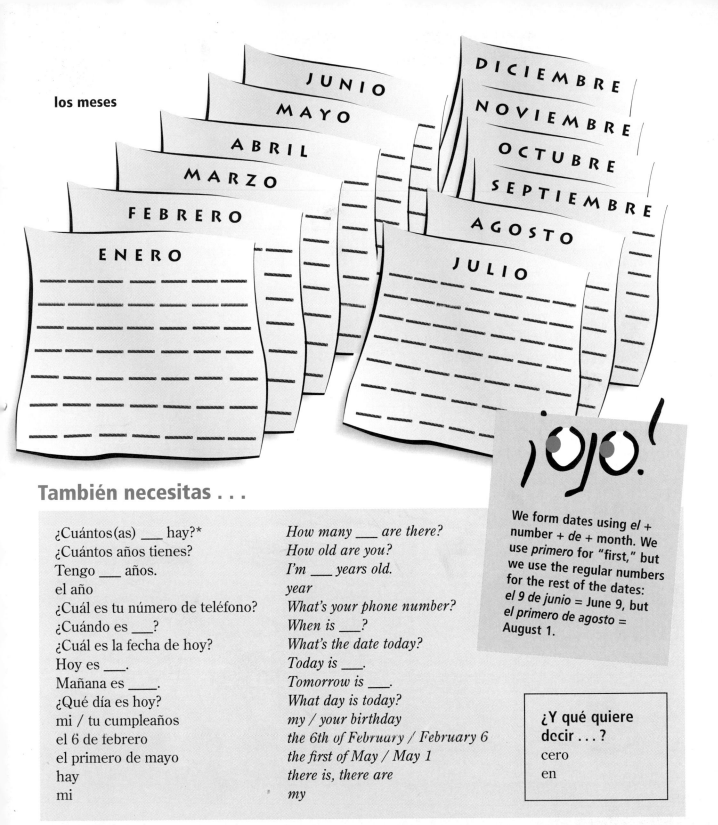

los meses

JUNIO

MAYO

ABRIL

MARZO

FEBRERO

ENERO

DICIEMBRE

NOVIEMBRE

OCTUBRE

SEPTIEMBRE

AGOSTO

JULIO

También necesitas . . .

¿Cuántos(as) ___ hay?*	How many ___ are there?
¿Cuántos años tienes?	How old are you?
Tengo ___ años.	I'm ___ years old.
el año	year
¿Cuál es tu número de teléfono?	What's your phone number?
¿Cuándo es ___?	When is ___?
¿Cuál es la fecha de hoy?	What's the date today?
Hoy es ___.	Today is ___.
Mañana es ____.	Tomorrow is ___.
¿Qué día es hoy?	What day is today?
mi / tu cumpleaños	my / your birthday
el 6 de febrero	the 6th of February / February 6
el primero de mayo	the first of May / May 1
hay	there is, there are
mi	my

¡ojo!

We form dates using *el* + number + *de* + month. We use *primero* for "first," but we use the regular numbers for the rest of the dates: *el 9 de junio* = June 9, but *el primero de agosto* = August 1.

¿Y qué quiere decir . . . ?
cero
en

* We say *cuántos libros,* but *cuántas mesas.* We use *cuántos* with masculine nouns like *libros,* and *cuántas* with feminine nouns like *mesas.* Most nouns that use *el* are masculine and those that use *la* are feminine. You will learn more about this in Chapter 2.

Empecemos a conversar

1   **0, 2, 4**   A — *Cero, dos, cuatro*, . . .
                B — *seis, ocho, diez*, . . .

Estudiante A   **Estudiante B**

a. **5, 10, 15**, . . .

b. **1, 3, 5**, . . .

c. **0, 3, 6**, . . .

2   A — *¿Cuántos libros hay?*
                 B — *Hay seis libros*.

Estudiante A   **Estudiante B**

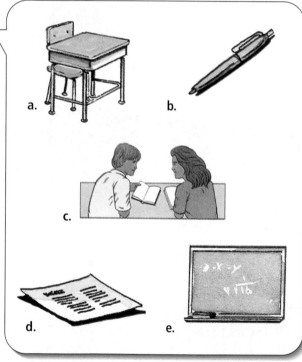

a.

b.

c.

d.   e.

Empecemos a leer y a escribir

Responde en español.

1 Find out when these popular Hispanic holidays occur and write down the dates for each of them: *el Año Nuevo* (New Year's Day), *el Día de los Reyes* (Twelfth Night / Epiphany), *el Día de la Raza* (Columbus Day), *el Día de los Muertos* (Day of the Dead / All Souls' Day), *la Navidad* (Christmas).

2 Count the following things aloud and write the answers in Spanish. Compare your answers with those of a partner.

    a. books on your desk
    b. girls in the class
    c. countries in Central America
    d. people wearing jeans
    e. letters in your teacher's last name

3 Read the following sentences and rewrite them, making the necessary corrections:

    a. Mi cumpleaños es el 15 de diciembre.
    b. El cumpleaños de Martin Luther King es en octubre.
    c. El Día de San Patricio es el 14 de enero.
    d. El Día de San Valentín es en junio.
    e. Chanukah es en febrero.

4 ¿Cuál es la fecha de hoy? ¿Y de mañana?

5 ¿Qué día es hoy? ¿Y mañana?

6 ¿Cuál es tu número de teléfono? ¿Y el número de teléfono de tu compañero(a) de clase?

Celebrando el Cinco de Mayo, San Francisco

This is another opportunity for you to use the vocabulary you've just learned.

1 In groups of six, ask each other when your birthdays are. Then tally the results to find out which month has the most birthdays. Share your group's results with the class.

A — *¿Cuándo es tu cumpleaños?*
B — *Es el cinco de julio.*

2 Role-play a conversation with a partner in which you:

- greet each other
- find out each other's names
- ask and answer how you are
- say good-by

3 How many of your classmates' phone numbers can you collect in five minutes? Once your teacher sets the clock, you're ready to begin. Remember to ask and answer in Spanish!

Los cumpleaños

If you need help asking your question, see *También necesitas . . .* on page 17.

In the Comuniquemos section, you can have fun using all the language you already know. Try to use different expressions for the same ideas.
ARE YOU AWARE THAT YOU ARE NOW REALLY COMMUNICATING IN SPANISH?

Expresiones para la clase

Por favor

Here is a list of requests and instructions. You will need to know what to do when your teacher says them, but you will **not** need to know how to say or write them.

Levántate, por favor.

Siéntate, por favor.

Pasa a la pizarra.

Trabajen con un compañero.

Saquen una hoja de papel.

Entreguen las hojas.

Profesor(a), ¿puedo . . . ?

When you need to ask for permission to do something, you should ask in Spanish. Here are some questions that you may frequently ask in class, and some of the answers you might expect.

Profesor(a), ¿puedo ir al baño?

Profesor(a), ¿puedo ir a mi armario?

Profesor(a), ¿puedo ir a la oficina del director (de la directora)?

Profesor(a), ¿puedo sacarle punta a mi lápiz?

Profesor(a), ¿puedo abrir la ventana?

Profesor(a), ¿puedo cerrar la ventana?

Your teacher may respond to your requests in any of the following ways:

Sí, ve (al baño, a tu armario, etc.).	*Yes, go ahead (to ___).*
Sí, ábrela / ciérrala.	*Yes, open it / close it.*
Claro.	*Of course.*
Ahora no.	*Not now.*
No, lo siento.	*No, I'm sorry.*

Viña del Mar, Chile

"¡Hola! ¿Qué tal?"

Estudiantes en Quito, Ecuador

En camino a la escuela, La Paz, Bolivia

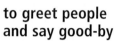

Resumen: El primer paso

¡Fantástico!
Eres el Número 1.

Use the vocabulary from this chapter to help you:

- greet people and talk about how you and they are feeling
- talk about your classroom
- use the Spanish alphabet to spell
- give telephone numbers and dates
- tell where people come from

**to greet people
and say good-by**
Buenos días.
Buenas tardes.
Buenas noches.
¿Cómo está usted?
¿Cómo estás?
¡Hola!
¿Qué tal?
Adiós.
Hasta luego.

**to ask someone's name
and tell your name**
¿Cómo te llamas?
(Yo) me llamo ___.

**to acknowledge
introductions**
Mucho gusto.
Igualmente.
señor
señora
señorita

**to ask for and give
information**
¿Cómo se dice ___ en español?
Se dice ___.
¿Cómo se escribe ___?
Se escribe ___.
¿Cuál es la fecha de hoy?
Hoy es ___.
Mañana es ___.

¿Cuál es tu número de
  teléfono?
mi / tu (cumpleaños)
¿Cuándo es ___?
el año
¿Cuántos años tienes?
Tengo ___ años.
¿Cuántos, -as ___ hay?
hay
¿De dónde eres?
(Yo) soy de ___.
¿Qué día es hoy?
es
¿Y tú? / ¿Y usted?
sí / no
o

**to say when something
takes place**
el día / el mes / la semana
en
el + *number* + de + *month*

lunes	viernes
martes	sábado
miércoles	domingo
jueves	

enero	julio
febrero	agosto
marzo	septiembre
abril	octubre
mayo	noviembre
junio	diciembre

to count or give dates
el primero de ___
cero, uno, dos, tres, cuatro,
  cinco, seis, siete, ocho,
  nueve, diez
once, doce, trece, catorce,
  quince, dieciséis, diecisiete,
  dieciocho, diecinueve, veinte
veintiuno, veintidós, veintitrés,
  veinticuatro, veinticinco,
  veintiséis, veintisiete,
  veintiocho, veintinueve,
  treinta, treinta y uno

to say thank you
gracias

to tell how you feel
Así, así.
(Muy) bien.

to talk about your classroom
el bolígrafo
el compañero, la compañera
el / la estudiante
la hoja de papel
el libro
la mesa
la pizarra
el profesor, la profesora
el pupitre
la sala de clases

Capítulo 1

Y tú, ¿cómo eres?

OBJECTIVES
At the end of this chapter,
you will be able to:

- describe yourself

- find out what other people are like

- talk about what you like and don't like to do

- compare your likes and dislikes with other people's

- explain what "friendship" means in Spanish-speaking countries

Grupo de estudiantes en Chinchón, España

¡Piénsalo bien!

Look at the people in the photos. Which ones might be casual friends? Which ones might be close friends? With a partner, discuss the reasons for your opinions.

Grupo de estudiantes en Montevideo, Uruguay

"A mí me gusta practicar deportes con mis amigos."

Tres estudiantes en Santiago, Chile

"Me gusta mucho estar con mis amigas."

Dos muchachas en Zacatecas, México

"¡Hola, María! ¿Qué tal?"

Dos muchachos en la Ciudad de México

"¿Cómo estás, Pablo?"
"Muy bien, gracias. ¿Y tú?"

Vocabulario para conversar

¿Qué te gusta hacer?

- As your teacher reads each word, make a thumbs up gesture if you like the activity. Make a thumbs down gesture if you do *not* like it.
- With your partner, point to the activities that you like and say *"Me gusta."* Then point to activities that you don't like and say *"No me gusta."*
- Pantomime for your partner your favorite activities, and see if he or she can point to the new vocabulary word or expression you are acting out.

el cine

ir al cine

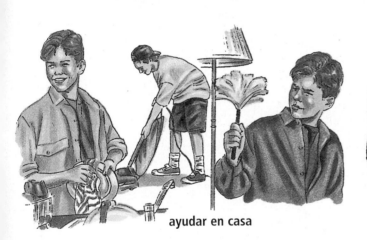

ayudar en casa

tocar la guitarra

estudiar

patinar

escuchar música

practicar deportes

También necesitas . . .

¿Qué te gusta (hacer)?	*What do you like (to do)?*
¿Te gusta ___?	*Do you like ___?*
estar con amigos	*to be with friends*
(A mí) me gusta ___.	*I like ___.*
(A mí) me gusta mucho ___.	*I like ___ a lot.*
(A mí) me gusta más ___.	*I like ___ better. (I prefer.)*
¿Y a ti?	*And you?*
(A mí) sí me gusta ___.	*I do like ___.*

A mí también.	*I do (like it) too.*
(A mí) no me gusta ___.	*I don't like ___.*
(A mí) no me gusta mucho___.	*I don't like ___ very much.*
(A mí) no me gusta nada ___.	*I don't like ___ at all.*
A mí tampoco me gusta ___.	*I don't like ___ either.*
¿De veras?	*Really?*
Pues	*Well . . .*
y	*and*

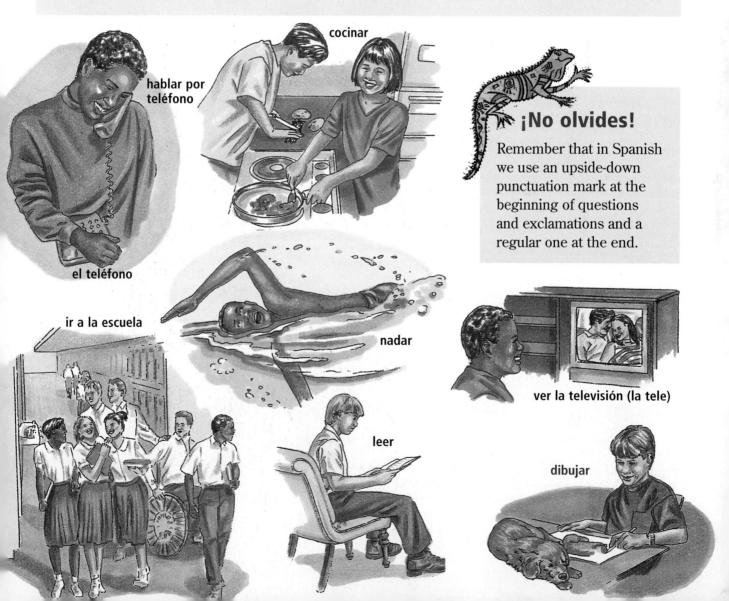

hablar por teléfono

el teléfono

cocinar

ir a la escuela

nadar

leer

¡No olvides!

Remember that in Spanish we use an upside-down punctuation mark at the beginning of questions and exclamations and a regular one at the end.

ver la televisión (la tele)

dibujar

Empecemos a conversar

With a partner, take turns being *Estudiante A* and *Estudiante B*.
Use the words that are cued or given in the boxes to replace
the underlined words in the example. ☀ means you can make
your own choices. When it is your turn to be *Estudiante B*, try to
answer truthfully.

1

A — *¿Qué te gusta hacer? ¿Te gusta <u>patinar</u>?*
B — <u>*Sí, me gusta*</u>.

Estudiante A

Estudiante B

Sí, me gusta.

No, no me gusta.

No, ¡no me gusta nada!

a.

b.

c.

d.

e.

f.

2

A — *¿Qué te gusta más, <u>ir al cine</u> o <u>ver la televisión</u>?*

B — *Pues, me gusta más <u>ver la televisión</u>.*

Estudiante A　　　　　　　　　　　　　　　　　**Estudiante B**

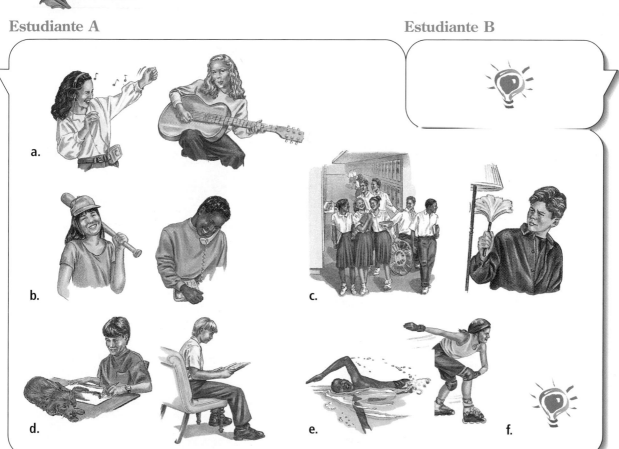

a.

b.

c.

d.

e.

f.

3　A — *No me gusta mucho <u>hablar por teléfono</u>.*

　　B — *<u>A mí tampoco me gusta</u>.*

Estudiante A　　　　　　**Estudiante B**

A mí tampoco me gusta.

¿De veras? A mí sí me gusta.

4 A —*A mí me gusta <u>practicar deportes</u>. ¿Y a ti?*
   B —*Pues, a mí me gusta <u>escuchar música</u>.*
      o: *Pues, a mí también.*

Estudiante A   Estudiante B

Empecemos a leer y a escribir

Responde en español.

1 The posters on page 34 are for candidates in a student election.
Read them, then match the logical pastimes to the candidates.
(One set of pastimes will be left over.)

Pasatiempos

a. jugar videojuegos,   c. practicar deportes, escuchar
   ir al cine   música
b. leer, hablar inglés   d. tocar la guitarra, dibujar

2 Make a poster of yourself or of another student as a candidate for
class president. Use the posters in Exercise 1 as models.

3 Look at the activities pictured on pages 30–31. Which ones are
entertainment? Which ones are duties? Make two lists. Put a
check next to any duties you enjoy.

4 Make a list of all the activities on pages 30–31 that you do on a
normal school day.

5 ¿Qué te gusta más, leer o ver la tele?

6 ¿Qué te gusta hacer? Escribe una lista de cuatro actividades, por
lo menos.

7 ¿Qué no te gusta hacer? Escribe una lista de dos actividades, por
lo menos.

También se dice

People in different English-speaking countries often use different words to refer to the same thing. For example, what we call an "apartment" the English call a "flat." What we call a "truck," they call a "lorry." (Do you know any other examples?) We even use different words for the same thing in different parts of the United States. For example, in some regions we call a soft drink "soda"; in other regions we call it "pop." And do you say "stand *in* line" or "stand *on* line"? That, too, will depend on where you live. Similarly, in various Spanish-speaking countries, there are sometimes different words for the same thing.

mirar la televisión (la tele)

Perspectiva CULTURAL

¿Tienes muchos amigos? ¿Qué es un amigo para ti?

"Mike, this is my friend Luis." That is how my classmate introduced me to another boy in our class. It was my first day of school here. I was in the fifth grade. My family had come from El Salvador in July, so I had not met any English speakers my age. And here was someone introducing me as his friend when we had just met that morning! What a strange place I was in!

By the end of that year, I did have friends, friends in the Spanish sense. They are still my friends. I think that they will always be, because that is what we mean by *amigo*, a friend for life.

Where I came from, people don't move around a lot. You would probably grow up in one neighborhood or town and might even live there your whole life. Yes, you might miss out on a few things, but you would form deep friendships and keep them. You would know people well, and would usually see your friends every day. You'd also get to know each other's families well.

Of course, we are warm and welcoming to people we don't know very well, but we call them *conocidos* (acquaintances). We may get along quite well, but they are not friends for life (*amigos*). Perhaps some day they will be, but that takes a long time.

En el Parc Güell, Barcelona, España

En Arequipa, Perú

¿Amigos o conocidos?

La cultura desde tu perspectiva

1 Whom do you consider to be a friend? Whom would a Spanish-speaking person consider to be a friend? Why do you think there is a difference?

2 What do you think would happen if we called only our close friends "friends" in the United States? How would you feel if someone you thought of as a friend described you as an acquaintance?

En una escuela en la Ciudad de México

"¿Estás preparada para el examen, Gloria?"

Vocabulario para conversar

¿Cómo eres?

- As your teacher reads the words aloud, put your finger on the pictures.
- As your teacher reads each word, point to yourself when you hear one that describes you. Shake your head if it does *not* describe you.
- Pantomime three of the qualities listed on these pages and see if your partner can point to the correct pictures.

generoso   generosa   tacaño   tacaña   impaciente   paciente

ordenado   ordenada

desordenado   desordenada

trabajador trabajadora	perezoso perezosa	gracioso graciosa	serio seria

atrevido atrevida	prudente	deportista	artístico artística

También necesitas . . .

¿Cómo eres?	*What are you like?*	pero	*but*
(Yo) soy ___.	*I am (I'm) ___.*	a veces	*sometimes, at times*
(Tú) eres ___.	*You are (You're) ___.*		
es	*(he/she/it) is ___.*		
muy	*very*		
amable	*nice, kind*		
callado, -a	*quiet*		

> **¿Y qué quiere decir . . . ?**
> sociable

Empecemos a conversar

1

A —¿*Cómo eres, gracioso(a) o serio(a)?*
B —*Soy serio(a), pero a veces soy gracioso(a).*

Estudiante A

Estudiante B

a.

b.

c.

d.

e.

2

A —¿Te gusta _dibujar_?
B —Sí, soy _artístico(a)_.
    o: No, no soy muy _artístico(a)_.

Estudiante A

Estudiante B

a.

b.

c.

d.

3 A —¿Eres _ordenado(a)_?
    B —Sí, y también soy _trabajador(a)_.
        o: No, no soy _ordenado(a)_.

Estudiante A   **Estudiante B**

Empecemos a leer y a escribir

Responde en español.

1 Match the following descriptions to the correct
fairy tale characters.

Amable, callada, trabajadora.
Ayuda en casa.
Pobrecita ___ .

a. **Blancanieves**

Atrevida, impaciente, no prudente.
Va a visitar a su abuela.
Pobrecita ___ .

b. **Caperucita Roja**

Amable y sociable.
Tiene siete amigos.
Es ___ .

c. **Cenicienta**

2 Write a description of a well-known person like the ones in
Exercise 1. See if your partner can tell whom you are describing.

3 ¿Cómo eres? ¿Eres atrevido(a)? ¿Paciente? ¿Perezoso(a)?

> ¡Hola!
> Me llamo María Estela. A mí me gusta
> nadar y patinar. También me gusta estar con amigos
> o hablar por teléfono. No me gusta ni cocinar ni
> ayudar en casa. ¿Cómo soy?

4 Eres . . .

COMUNIQUEMOS

Here's another opportunity for you and your partner to use the vocabulary you've just learned.

1 Find out how many of these activities both you and your partner enjoy. Take turns asking the questions. Be sure to choose only those activities you really like. You should each ask at least three questions.

A —*A mí me gusta escuchar música. ¿Y a ti?*
B —*A mí también me gusta.*
   o: *A mí no me gusta.*

2 Now take turns finding out if you and your partner dislike the same things. Use the pictures in Exercise 1, and this time choose only those activities you *don't* like. Ask at least two questions each.

A —*No me gusta cocinar. ¿Y a ti?*
B —*A mí tampoco me gusta.*
   o: *A mí sí me gusta.*

3 What have you and your partner learned about each other? Write a two-sentence description of your partner. Include two words that describe him or her and two activities that he or she likes. Read your description aloud, pausing to let your partner say *Sí* or *No* to your statements.

A —*Tú eres generoso(a) y artístico(a).*
B —*¡Sí!*
A —*Te gusta escuchar música y cocinar.*
B —*¡No! Me gusta más practicar deportes y leer.*
   o: *Pues, sí me gusta escuchar música, pero no me gusta cocinar.*

✔ Ahora lo sabes

Using what you have learned so far, can you:

- **ask someone what he or she likes to do?**

- **find out from someone what he or she is like?**

- **tell what you like or don't like to do?**

- **describe yourself?**

Conexiones

These activities connect Spanish with other subject areas you may be studying.

Héroes de la historia

In Spanish-speaking countries, streets are often named after historical figures or other famous people. Simón Bolívar, who liberated Venezuela, Colombia, Ecuador, Perú, and Bolivia from Spain, has streets in several countries named after him.

Think about the street names in your community or in a nearby city. Find out about the people that the streets were named after. If your community doesn't have streets named after famous people, do this activity with towns, schools, or other public buildings. In a group, make posters about these people like the one of Simón Bolívar. Include some words that describe them. Add a photo or a drawing of the person if you can find one.

If you were going to rename the street you live on, whom would you name it for? Why?

Retrato de Simón Bolívar (1859), Arturo Michelena.
Museo Bolivarien, Caracas, Venezuela

Ir al cine

Where does a movie ticket cost the most? Where does it cost the least? Here are the prices of a movie ticket in six Spanish-speaking cities. Using the exchange rates shown, convert the prices to dollars. Then make a graph showing the cities and the movie ticket prices in order from most expensive to least expensive. Be prepared to tell the city where a movie ticket is most expensive and the city where it is least expensive.

Ciudad	Entrada
Bogotá, Colombia	2,000 pesos (848 pesos = $1)
Caracas, Venezuela	300 bolívares (170 bolívares = $1)
Madrid, España	450 pesetas (130 pesetas = $1)
México, D.F., México	12 pesos (5.8 pesos = $1)
Santiago, Chile	2,000 pesos (413 pesos = $1)
Montevideo, Uruguay	32 pesos (5.8 pesos = $1)

¿Qué te gusta hacer?

Look at these pairs of activities. In a group, find out how many students prefer to do one activity over the other and how many like to do both activities about equally. Draw a Venn diagram.

Label it with one of these pairs of activities.

ir al cine / ver la televisión
dibujar / ir al museo
practicar deportes / ver deportes
tocar música / escuchar música
nadar / patinar

ir al cine   ver la televisión

Then ask everyone in the group to write his or her initials in one of the three areas. Students who prefer one activity should write in the part of the circle that doesn't overlap. Those who like both activities equally should write in the overlapping part.

CINECINCO en la Plaza Buñuel | DEL 7 AL 13 DE ABRIL TELÉFONO 555 45 43 PARKING GRATUITO | 2 TONTOS MUY TONTOS 16:40, 19:40, 22:30 | 101 DALMATAS 16:10, 18:15, 20:20, 22:25 | NIÑO RICO 16:10, 18:20, 20:30, 22:40 | EL PROFESIONAL 16:25, 18:15, 20:20, 22:20 | STAR TREK LA PRÓXIMA GENERACIÓN 16:35, 19:50, 22:10 | VIERNES Y SABADOS: SESIÓN DE MADRUGADA SABADOS Y FESTIVOS: SESIÓN A LAS 14 horas.

Gramática en contexto

Here is a descriptive poem entitled "Yo soy yo." What kind of information would you expect to find in such a poem?

Now read the poem.

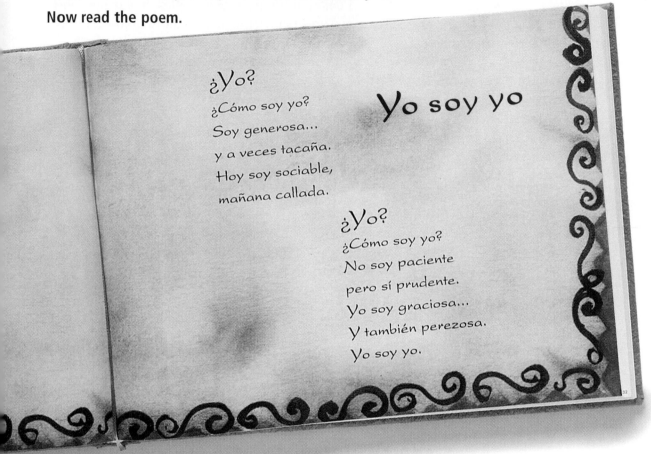

¿Yo?
¿Cómo soy yo?
Soy generosa...
y a veces tacaña.
Hoy soy sociable,
mañana callada.

Yo soy yo

¿Yo?
¿Cómo soy yo?
No soy paciente
pero sí prudente.
Yo soy graciosa...
Y también perezosa.
Yo soy yo.

A Think about the predictions you made before you read the poem. Did you find the information that you thought you would find in the poem? What did you find out about the person who wrote it?

B Is the poet male or female? How do you know? Find at least three words that give you that information.

C Think of a rule that could help you decide whether to use the words *generoso* or *generosa* and *callado* or *callada* to describe a person. Are there any descriptive words (adjectives) on pages 38–39 that your rule does not cover? Which ones? Can you think of a rule for these words?

Los adjetivos

Words describing people and things are called adjectives.

- In Spanish, adjectives describing males usually end in -o.
- Adjectives describing females usually end in -a. However, there are some exceptions, such as *deportista*, which can describe both females and males.
- Adjectives that end in -e can describe either females or males. How many examples can you find in the list?

Here are the adjectives you already know:

amable	deportista	impaciente	serio
artístico	desordenado	ordenado	seria
artística	desordenada	ordenada	sociable
atrevido	generoso	paciente	tacaño
atrevida	generosa	perezoso	tacaña
callado	gracioso	perezosa	trabajadora
callada	graciosa	prudente	trabajador

1 Look at the list of adjectives. Seventeen words can be used to describe a boy. Which are they? Which adjectives can be used to describe a girl? How many of the adjectives can be used to describe a boy *or* a girl? Which are they?

2 Students are preparing a who's who that describes each member of the class. Ask your partner what he or she is like. Each of you should choose four or more words from the list to describe yourselves.

    A — *¿Cómo eres?*
    B — *Soy generosa, trabajadora, paciente y sociable.*
       o: *Soy generoso, trabajador, paciente y sociable.*

3 How similar are you and your partner? For each of the following pictures, say whether you have that personality trait. Then find out whether your partner has it too.

A — *Yo soy impaciente. ¿Y tú?*
B — *Yo también soy impaciente.*
     o: *No, yo no soy impaciente.*

o: A — *Yo no soy impaciente. ¿Y tú?*
     B — *Yo tampoco soy impaciente.*
          o: *Yo soy (muy) impaciente.*

a.

b.

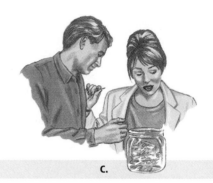

c.

d.

e.

f.

g.

h.

i.

4 Take turns with a partner describing these fictional characters. Afterward, compare your descriptions with those of another pair of students.

Scrooge   A — *¿Cómo es Scrooge?*
            B — *Es muy tacaño.*

¡No olvides!

To describe a third person (he or she), use *es*.

Estudiante A

a. Mary Poppins
b. Ricitos de Oro (Goldilocks)
c. Superman
d. Garfield
e. el león de *El Mago de Oz*
f. La Cenicienta (Cinderella)
g. Charlie Brown
h. Lucy
i. Robin Hood
j. Donald Duck

Estudiante B

5 Choose any person, either real or fictional, whom your partner is likely to know about. Tell your partner what the person is like. If necessary, pantomime any other helpful hints. Can your partner figure out whom you are describing?

¿Cómo te sientes hoy?

AGOTADO   CONFUNDIDO   EXTÁTICO   CULPABLE   SOSPECHOSO

ENOJADO   HISTÉRICO   FRUSTRADO   TRISTE   CONFIADO

AVERGONZADO   FELIZ   MALICIOSO   ASQUEADO   ASUSTADO

RABIOSO   APENADO   CAUTELOSO   CÓMODO   DEPRIMIDO

AGOBIADO   ESPERANZADO   SOLITARIO   ENAMORADO   CELOSO

ABURRIDO   SORPRENDIDO   ANSIOSO   PASMADO   TÍMIDO

© 1991 Creative Therapy Associates, Inc.

Perspectiva CULTURAL

Sometimes you can tell the difference between a *conocido* and an *amigo* by the way two young people say hello and good-by. *Conocidos* may greet each other warmly by saying *¡Hola!* or *¿Qué tal?*, and they may chat for a while. *Amigos* and family members often hug each other, slap each other on the back, or may even kiss each other on the cheek.

La cultura desde tu perspectiva

1 Turn back to the *¡Piénsalo bien!* section on pages 28–29. Identify the people again and, with a partner, compare your answers with the ones you gave the first time. How does what you have learned about *amigos* change the way you look at the people in the photos?

2 What might be the steps in making a friend (*amigo*) from a Spanish-speaking country? Copy the sentences on the right on strips of paper. Then make a sequence chart by arranging them in an order that makes sense. When you are satisfied with the order, glue or tape the strips to a sheet of paper.

A new Spanish-speaking student joins your class.

- The new student calls you on the phone for help with an assignment.

- You talk to the new student after class.

- You invite the new student to your house for dinner.

- You work on a school project with the new student.

- You are invited to attend the *quinceañera* (15th birthday) party of the new student's sister.

- You go to the movies with a group of friends, including the new student.

- You go out with the new student for a snack after school.

- You are invited to the new student's house for lunch.

When are you *conocidos?* At what point do you become *amigos?*

In a group, compare your sequence charts. Discuss any differences. Decide on one sequence to share with the class. Were some sentences harder to place than others? Why?

En Córdoba, Argentina

En Cuernavaca, México

Gramática en contexto

A Do the people in the cartoon enjoy playing soccer? How do you know?

B What does *A mí tampoco me gusta* mean?

C With a partner, create a similar cartoon for an activity that you both dislike. Using the speech balloons above as a model, write speech balloons for your cartoon.

Sí / Tampoco

- Sometimes you want to agree with someone who dislikes something and say you don't like it either. Use *a mí tampoco me gusta*.

  —A mí no me gusta nadar.

  —A mí **tampoco me gusta**.

- Other times you want to say that you *do* like something that someone else *dislikes*. Use *sí + me gusta* to make this difference clear.

  —A mí no me gusta hablar por teléfono. ¿Y a ti?

  —A mí **sí me gusta**.

- You may also want to say that you like one thing but dislike something else. Use *sí + me gusta* to make this difference clear.

  —No me gusta estudiar, pero **sí me gusta** hablar por teléfono.

1 Read the following conversations. In each set, who agrees with Student A—Student B or Student C? Which student *disagrees* with Student A?

A —*No me gusta nadar.*
B —*A mí sí me gusta.*
C —*A mí tampoco me gusta.*

A —*No me gusta nada cocinar.*
B —*A mí tampoco me gusta.*
C —*A mí sí me gusta mucho.*

2 You and your partner are discussing activities that you like and don't like. Choose five activities that you don't like, and find out whether or not your partner agrees.

A —*No me gusta dibujar. ¿Y a ti?*
B —*Pues, a mí sí me gusta.*
  o: *A mí tampoco me gusta.*

Una piscina en Madrid

Ni . . . ni

- *Ni . . . ni* means "neither . . . nor" or "not . . . or." Use *ni . . . ni* to say that neither of two descriptions fits you. You must include the word *no* in front of the verb.

  No soy **ni** sociable **ni** callada.

  No soy **ni** artístico **ni** deportista.

- You also use *ni . . . ni* to say that you do not like either of two choices. For example:

  No me gusta **ni** patinar **ni** cocinar.

3 Match these sentences with the pictures.

1. Soy deportista pero no gracioso.
2. Soy paciente y prudente.
3. No soy ni generoso ni ordenado.

a. b. c.

4 Imagine that these are new students in your Spanish class. Tell what each person might say about his or her likes and dislikes.

Susana

Me gusta dibujar y cocinar, pero no me gusta ni leer ni practicar deportes.

a. Jorge

b. Benjamín

c. Cristina

d. Elena

5 Take turns asking and answering questions to find out what your partner is like. Discuss whether your partner is

- *sociable o callado(a)*
- *paciente o impaciente*
- *prudente o atrevido(a)*
- *generoso(a) o tacaño(a)*

A —*¿Eres trabajador(a) o perezoso(a)?*
B —*Soy (muy) trabajador(a).*
   o: *Soy perezoso(a).*
   o: *No soy ni trabajador(a) ni perezoso(a).*

TODO JUNTO

Here's an opportunity for you to put together what you learned in this chapter.

1 ¡Jugar a las adivinanzas!

In small groups, take turns acting out your favorite activity. For example, you might pretend that you're playing the guitar or swimming. Group members try to guess the activity. The student who guesses correctly takes the next turn. (You can also try playing *las adivinanzas* with the descriptive vocabulary words on pages 38–39.)

2 Las preferencias

Take a poll to find out which activities your classmates like to do. On a sheet of paper, list the activities mentioned in this chapter. Across the top, write these headings: *me gusta mucho, me gusta, no me gusta, no me gusta nada.* First, put a √ next to the activity that you think everyone will like. Put an X next to the one you think the fewest number of people will like. Then interview four classmates, asking about all the activities on the list. Mark the answers on your chart and total the number of votes for each activity under each heading.

	me gusta mucho	me gusta	no me gusta	no me gusta nada
ayudar en casa			II	II
patinar	II		II	
ver la tele	IIII			

Autorretrato (1930), Frida Kahlo

 ¿Cómo soy?

Bring to class a photograph or a picture of a person cut out of a magazine. Mount the picture on a sheet of paper. Based on the picture, what do you think this person is like? What are his or her likes and dislikes? Write a four-line caption in which the person describes himself or herself.

Tengo ... años.   *Me gusta (mucho) ...*
Soy ...   *No me gusta (nada) ...*

In small groups, look at the photos and read the captions. Display the portraits in the classroom.

✔ Ahora lo sabes

Using what you have learned so far, can you:

- **compare your likes and dislikes with someone else's?**

- **say that you don't like either of two choices?**

- **emphasize that you do like something?**

- **compare and contrast the meaning of the word "friend" in the United States and *amigo* in Spanish-speaking countries**

¡Vamos a leer!

Antes de leer

This is the pen pal section of a Mexican young people's magazine. What kinds of information would you expect to find here? Make a list of three things.

Mira la lectura

Scanning is a strategy to help you quickly make sense of what you are reading. When you scan a selection, you look only for certain information. You do *not* have to read every word. For example, you might scan a bus schedule to find out if there is a five o'clock bus to where you are going.

Scan the pen pal section to see if it includes the three things you expected to find. What, if anything, is missing?

¡HOLA!

María Elena Sánchez Ureña
Niños Héroes Sur No. 734
02400 México D.F.
Edad: 12
Pasatiempos: coleccionar muñecas Barbie, escuchar música, leer libros sobre personas famosas

Raúl Domínguez Verdugo
Av. Kennedy 24
2° piso
44890 Guadalajara, Jal.
Edad: 12
Pasatiempos: leer biografías y libros sobre deportes, nadar y practicar fútbol

Eric Iván Casas
Monterrey 6, Col. Roma
03200 México D.F.
Edad: 13
Pasatiempos: nadar, patinar, fútbol

Laura Torres Pano
Benito Juárez No. 218
Jardines de la Asunción
20260 Aguascalientes, Ags.
Edad: 13
Pasatiempos: practicar vóleibol y béisbol, acampar, escuchar música

- *Niños Héroes* is the name of a street. *Sur* means "south."
- The five-digit number before the name of the city is a postal code like our Zip Code.
- The capital of Mexico is *la Ciudad de México* or, officially, *México D.F.* D.F. stands for *Distrito Federal.* What do you think that means? What city in the United States has a similar abbreviation? What does it stand for?
- *Col.* stands for *colonia* and means "neighborhood" or "area."
- *Jardines de la Asunción* is the name of a residential part of the city, like *Colonia Roma*.
- *Ags.* is an abbreviation for *Aguascalientes*, which is the name of a Mexican state as well as a city.
- *Av.* is an abbreviation for *Avenida*. What do you suppose the word means?
- *2° piso* is an abbreviation for *segundo piso* (second floor).
- *Jal.* is an abbreviation for *Jalisco*, a Mexican state.

Infórmate

STRATEGY ► **Using context to get meaning**

1 In what order does María Elena Sánchez Ureña provide the following information?

a. address   c. hobbies
b. age   d. name

2 Where do the writers live? On a separate sheet of paper, write each writer's first name under one of these headings.

Mexico City	Another city

3 Read about the hobbies of María Elena, Eric, Laura, and Raúl. On a separate sheet of paper, list the hobbies that two or more of them share. Then list those that are not shared. Use these headings.

Shared	Not shared

Are there any hobbies whose meaning you cannot understand? If there are, work with a partner to figure them out.

Aplicación

Imagine that your class is going to exchange letters with a class in Mexico or another Spanish class in your city. Attach a recent picture of yourself or a self-portrait to a sheet of paper. Write a caption for your picture. Don't forget to give this information.

- Nombre y dirección
- Edad
- Pasatiempos

¡ojo!

What do you suppose nombre and dirección mean? HINT: Looking back at the pen pal listings might give you a clue.

¡Vamos a escribir!

Write a poem about yourself similar to the one on page 48. Follow these steps:

1 Read the poem on page 48 again.

Look at the vocabulary on pages 38–39 and write down three adjectives that apply to you and three that don't. Use the headings *Soy* and *No soy*.

Then, using the vocabulary on pages 30–31, write down at least three activities that you like to do and three activities that you don't like to do. Use the headings *Me gusta* and *No me gusta*.

2 Write your poem based on this model and the lists that you made. Use adjectives in lines 3 and 4. Use activities in lines 5 and 6.

> ¿Yo?
> ¿Cómo soy yo?
> Soy ___ y ___ ,
> pero a veces soy ___ .
> Me gusta ___ y también ___ ,
> pero no me gusta ___ .
> Yo soy yo.

Now show your poem to a partner. Ask which parts of the poem he or she likes and which ones might be changed. Decide whether or not you agree, then rewrite your poem, making any changes that you have decided on.

3 Check for spelling, accents, and punctuation. Note that in Spanish we do not capitalize every line of a poem. We capitalize only the beginning of a sentence and proper nouns. Use this checklist.

- capital letters at the beginning of a sentence
- accent marks (*música*, *teléfono*)
- question marks at the beginning and end of questions
- agreement of adjectives (*generoso* or *generosa*)

4 Make a clean copy of your corrected poem. Add drawings or pictures if you like. Share your work with your classmates, with your family, or with Spanish-speaking friends—or acquaintances. You may want to include it in your portfolio.

Resumen del capítulo 1

Use the vocabulary from this chapter to help you:

- describe yourself
- find out what other people are like
- talk about what you like and don't like to do
- compare your likes and dislikes with other people's

to talk about activities
ayudar en casa
cocinar
dibujar
escuchar música
estar con amigos
estudiar
hablar por teléfono
   el teléfono
ir a la escuela
ir al cine
   el cine
leer
nadar
patinar
practicar deportes
tocar la guitarra
ver la televisión (la tele)

to ask someone what he or she likes
¿Qué te gusta (hacer)?
¿Te gusta ___?
¿Y a ti?

to say what you like
(A mí) me gusta ___.
(A mí) me gusta mucho ___.
(A mí) me gusta más ___.
(A mí) sí me gusta ___.
A mí también.

to say what you do not like
(A mí) no me gusta ___.
(A mí) no me gusta mucho ___.
(A mí) no me gusta nada ___.
A mí tampoco me gusta ___.

to ask someone what he or she is like
¿Cómo eres?
¿Eres (tú) ___?

to say what you or someone else is like
(Yo) soy ___.
(Tú) eres ___.
es

to describe yourself or others
amable
artístico, -a
atrevido, -a
callado, -a
deportista
desordenado, -a
generoso, -a
gracioso, -a
impaciente
ordenado, -a
paciente
perezoso, -a
prudente
serio, -a
sociable
tacaño, -a
trabajador, -a

to ask if a statement is accurate
¿De veras?

other useful words and expressions
a veces
muy
ni...ni
pero
pues
también
tampoco
y

Capítulo 2

¿Qué clases tienes?

OBJECTIVES
At the end of this chapter,
you will be able to:

• describe your class schedule

• find out about someone else's schedule

• name some school supplies you use

• compare your school experience
with that of a student
in a Spanish-speaking country

Isla Mujeres, México

65

¡**P**iénsalo bien!

Look at the photos. Are they similar to what you are used to?
Are they different in any ways?

Escuela en Guadalajara, México

"Luz, ¿a qué hora empieza tu clase de inglés?"

Lima, Perú

"Me gusta mucho tocar en la banda. Yo toco el tambor."

Cuernavaca, México

Estas muchachas tienen mucha tarea.

Vocabulario para conversar

¿Qué clases tienes?

- As your teacher reads the name of each school subject, raise your right hand if you have that class.
- Now, as your teacher reads the name of each school subject, make a thumbs up gesture if you like it and a thumbs down gesture if you don't.
- As your teacher reads the name of each school supply, hold up the item if you have one.

Horario	Primer semestre	Segundo semestre
(1ª) primera hora	inglés	matemáticas
(2ª) segunda hora	educación física	ciencias de la salud
(3ª) tercera hora	matemáticas	educación física
(4ª) cuarta hora	ciencias sociales	inglés
(5ª) quinta hora	almuerzo	almuerzo
(6ª) sexta hora	ciencias	español
(7ª) séptima hora	español	ciencias
(8ª) octava hora	arte	música

También necesitas . . .

la clase de ___	___ *class*	¿Qué?	*What?*
difícil	*difficult, hard*	Lo siento.	*I'm sorry.*
fácil	*easy*	A ver...	*Let's see...*
la tarea	*homework*	Aquí / Allí está.	*Here / There it is.*
necesitar: (yo) necesito	*to need: I need*		
(tú) necesitas	*you need*		
tener: (yo) tengo	*to have: I have*		
(tú) tienes	*you have*		
para	*for*		
tu	*your*		

> **¿Y qué quiere decir . . . ?**
> mucho, -a

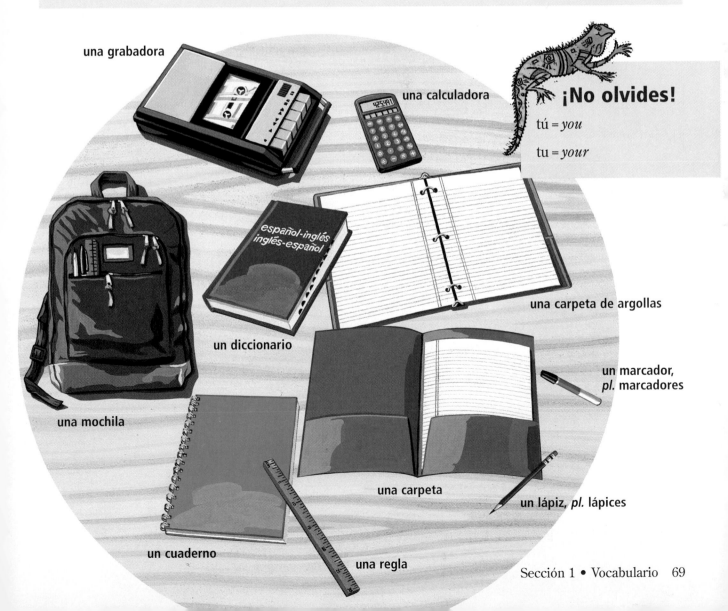

una grabadora

una calculadora

¡No olvides!

tú = *you*

tu = *your*

una carpeta de argollas

un diccionario

un marcador,
pl. marcadores

una mochila

una carpeta

un lápiz, *pl.* lápices

un cuaderno

una regla

Empecemos a conversar

With a partner, take turns being *Estudiante A* and *Estudiante B*. Use the words that are cued or given in the boxes to replace the underlined words in the example.  means you can make your own choices. When it is your turn to be *Estudiante B*, try to answer truthfully.

1

A —*¿Tienes mucha tarea en tu clase de <u>ciencias de la salud</u>?*

B —*Sí, tengo mucha tarea.*
　　o: *No, no tengo mucha tarea.*
　　o: *No estudio ciencias de la salud.*

Estudiante A　　　　　　　　　　　　　　　　　　　　　**Estudiante B**

a.

b.

c.

d.

e.

f.

2

1ª

A —*¿Qué clase tienes en la <u>primera</u> hora?*

B —*¿En la <u>primera</u> hora? Pues, tengo <u>inglés</u>.*

Estudiante A　　　　　　　　**Estudiante B**

a. 2ª　　e. 6ª
b. 3ª　　f. 7ª
c. 4ª　　g. 8ª
d. 5ª

3    A — ¿Qué necesitas en tu clase de <u>matemáticas</u>?
B — Necesito <u>un lápiz</u>, <u>un cuaderno y una carpeta</u>.

Estudiante A   **Estudiante B**

a.

b.

c.

d.

e.

4   A — ¿Tienes <u>un lápiz</u>?
B — A ver ... <u>Sí, aquí está</u>.
    o: Sí, allí está.
    o: No, lo siento.

Estudiante A   **Estudiante B**

Empecemos a leer y a escribir

Responde en español.

1 Read this list of everyday items and decide where you use them: only at school, only at home, or in both places. Copy the Venn diagram and write the items in the correct areas. If you don't use an item, write it outside the circles.

En la escuela   **En casa**

un marcador
una grabadora
un teléfono
un diccionario
una guitarra
una hoja de papel
un pupitre
una regla
un cuaderno
un bolígrafo
una pizarra
un lápiz

2 In two columns, under the headings *Fácil* and *Difícil*, list the subjects you are taking this year.

3 ¿Qué te gusta más, hacer la tarea de español o hacer las actividades con tus compañeros en la clase de español?

4 ¿Qué necesitas para tu primera clase?

5 ¿Qué tienes en tu mochila?

También se dice

la carpeta de anillas
el archivador

el plumón

Estos estudiantes mexicanos hacen la tarea para la clase de ciencias sociales.

Mira el horario y la foto. ¿Qué ves que es similar o diferente de lo que ves en tu escuela?

Going to school in Mexico City is similar in some ways to going to school in the United States, but there are some important differences. Primary school (*escuela primaria*) goes from the first grade to the sixth grade. Seventh graders begin middle school (*escuela secundaria*) and say they are in first year (*primero de secundaria*). Eighth graders are in second year (*segundo de secundaria*), and ninth graders are in third year (*tercero de secundaria*).

Not all Mexican schools are alike. You might find that any or all of these things happen:

- Uniforms are required at least four days a week.
- Students stay in the same room, and teachers go from class to class.
- When a teacher enters the classroom, the students stand.
- The teacher calls the students by their last names.
- The students address their teacher as *maestro* or *maestra,* without a last name.
- More class time is spent on teacher lectures than on class discussions.
- Students spend from 15 to 30 minutes per class on homework each night.
- Teachers collect the homework the next day rather than reviewing it in class.

As you can see in the schedule, Mexican schools have a mid-morning break *(receso)*. Students play games or sports (usually *fútbol*), or they just chat in the schoolyard. They can buy snacks at the school store or from a street vendor who comes into the schoolyard. They can buy sandwiches, Popsicles, ice cream cones, popcorn, soda, and juice.

Hora	lunes	martes	miércoles	jueves	viernes
7:00 - 7:50	Español	Inglés	Dibujo técnico	Teatro	Teatro
7:50 - 8:40	Matemáticas	Español	Dibujo técnico	Español	Inglés
8:40 - 9:30	Teatro	Ciencias naturales	Laboratorio	Matemáticas	Español
9:30 - 10:20	Inglés	Ciencias naturales	Laboratorio	Taller	Taller
10:20 - 10:40	R e c e s o				
10:40 - 11:30	Ciencias sociales	Matemáticas	Español	Taller	Taller
11:30 - 12:20	Ciencias sociales	Inglés	Ciencias sociales	Taller	Taller
12:20 - 1:10	Ciencias naturales	Libre	Ciencias sociales	Educación física	Educación física
1:10 - 2:00	Ciencias naturales	Libre	Libre	Ciencias sociales	Ciencias sociales

Receso en Santiago, Chile

La cultura desde tu perspectiva

1 Which of the things that are done in Mexican schools would you like to see done in your school? Why?

2 Compare the subjects you are taking with those on the schedule. How might your social studies classes be similar to *ciencias sociales?* How might they be different? Are there subjects that students take in Mexico that you wish you could take? Why?

3 What part of your day is like a *receso?* How is it similar? How is it different?

Vocabulario para conversar

¿Qué hora es?

- As your teacher says each hour, hold up the corresponding number of fingers. If the hour is higher than the number of your fingers, work with a partner to show the correct number.
- As your teacher reads aloud the time expressions, put your finger on the pictures of the corresponding clocks.
- As your partner points to four different clocks, pantomime an activity that you do at that time of day. Can he or she guess what activity you are demonstrating?

Es la una.

Son las dos.

Son las tres.

Son las cuatro.

Son las cinco.

Son las seis.

Son las siete.

Son las ocho.

Son las nueve.

Son las diez.

Son las once.

Son las doce.

Son las dos
y cinco.

Son las dos y
cuarto. (Son las
dos y quince.)

Son las dos
y veinte.

Son las dos y
media. (Son las
dos y treinta.)

Son las dos
y cuarenta
y cinco.

Son las dos
y cincuenta
y ocho.

32 treinta y dos

33 treinta y tres

34 treinta y cuatro

35 treinta y cinco

36 treinta y seis

37 treinta y siete

38 treinta y ocho

39 treinta y nueve

40 cuarenta

41 cuarenta y uno...

49 cuarenta y nueve

50 cincuenta

51 cincuenta y uno....

59 cincuenta y nueve

¡No olvides!

You worked with the
numbers 0 to 31 in *El
primer paso.*

Un reloj hecho de flores
en el Parque Hundido,
Ciudad de México

También necesitas . . .

enseñar: enseña a	*to teach: (he/she) teaches at*	terminar: termina es	*to end: it ends here: it is*
¿A qué hora?	*At what time?*	¿Qué hora es?	*What time is it?*
empezar: empieza	*to begin: it begins*	¿Quién?	*Who? Whom?*

Empecemos a conversar

1

A — ¿Qué hora es? ¿*Son las doce y cuarenta y cinco*?
B — *No*, *es la una*.

Estudiante A

Estudiante B

 a.    b.    a.   b.

 c.    d.    c.    d.

 e.    f.    e.    f.

 g.   h.   g.    h.

78   Capítulo 2

2

A —¿*A qué hora empieza la clase de* <u>*ciencias de la salud*</u>?

B —*Empieza a* <u>*las once*</u> *y termina a* <u>*las once y cincuenta*</u>.
  o: *No tengo la clase de* <u>*ciencias de la salud*</u>.

Estudiante A   **Estudiante B**

a.

b.

c.

d.

e.

3 A —¿*Cuándo tienes la clase de* <u>*español*</u>?

B —*A ver . . . . A* <u>*las nueve y diez*</u>.

A —¿*A qué hora termina la clase*?

B —*A* <u>*las nueve y cincuenta*</u>.

A —¿*Quién es tu profesor(a)*?

B —<u>*El profesor Soto*</u>.

Estudiante A   **Estudiante B**

¡No olvides!

When we use titles such as *señor(a)* or *profesor(a)* to talk <u>about</u> a person, we add *el* or *la*: **La señora López enseña español**. But when we are speaking <u>to</u> that person, we do not use *el* or *la*: ¿*Cómo está, señora López?*

Empecemos a leer y a escribir

Responde en español.

1 Read these two dialogues.

FEDERICO: Me gusta mucho dibujar.
ERNESTO: ¿De veras? A mí no me gusta dibujar. No soy nada
artístico. Yo soy deportista. Me gusta nadar y patinar.

ANA: Me gusta mucho leer, especialmente libros de historia.
SUSANA: A mí no me gusta leer libros de historia, pero sí me
gusta la ciencia ficción.

Who would probably say these sentences?

a. Me gustan mucho las ciencias sociales.

b. En mi mochila tengo muchos lápices, marcadores y hojas de papel.

c. Mi clase favorita es la clase de educación física.

2 ¿Quién es tu profesor(a) favorito(a)? ¿Qué enseña? ¿A qué hora
empieza la clase? ¿Cuándo termina?

Estudiantes en una escuela
puertorriqueña miran demostraciones
en una clase de ciencias.

3 Escribe tu horario en una hoja de papel. Usa este modelo.

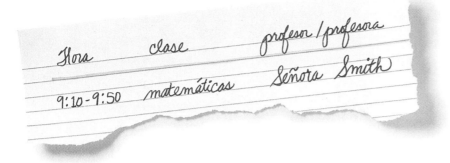

4 En una hoja de papel, escribe tu horario ideal.

Para decir más

Here is some additional vocabulary that you might find useful for activities in this section.

el período de actividades
activity period

novena hora
ninth hour

la clase de economía doméstica
home arts class

la clase de taller
industrial arts class

la clase de computadoras
computer class

Una escuela en la Ciudad de México
"El inglés es muy difícil, ¿no?"

COMUNIQUEMOS

Here's another opportunity for you and your partner to use the vocabulary you've just learned.

1 Find out which classes your partner prefers.

A —*¿Qué clase te gusta más, arte o música?*
B —*Me gusta más la clase de música.*

2 You are planning to go shopping for school supplies with a friend. Find out from each other what supplies you need for each class you are taking.

A —*¿Qué necesitas para tu clase de matemáticas?*
B —*A ver... Necesito un cuaderno y una calculadora.*

¡No olvides!

To say that you don't like either of two things, use *ni...ni.*

3 Make up questions using the words or phrases from the columns below to find out three things about your partner.

¿Qué	tienes	para tu clase de __?
¿Quién	es	tu número de teléfono?
¿Cuándo	necesitas	tu profesor(a) de __?
¿Cuál		la clase de __?
		tu cumpleaños?

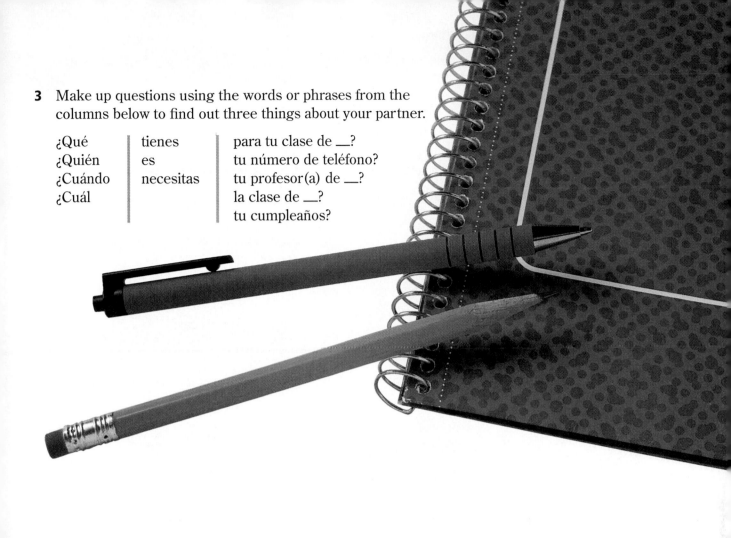

✔ Ahora lo sabes

Using what you have learned so far, can you:

• **tell someone what classes you have during certain periods?**

• **tell someone what school supplies you need for a certain class?**

• **ask someone what classes he or she has during certain periods?**

• **ask and tell the time?**

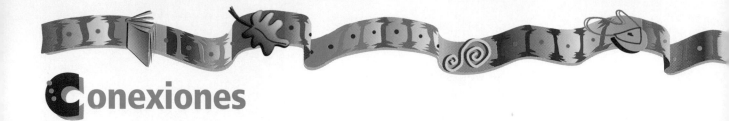

Conexiones

These activities connect Spanish with what you are learning in other subject areas.

ZONAS HORARIAS INTERNACIONALES

— Zonas horarias regulares

—— Zonas horarias irregulares

¿Qué hora es?

Find out if you and your partner understand time zones. Use the time zone map to ask each other questions. For example:

A — Son las ocho (de la noche) en Chicago. ¿Qué hora es en Caracas?

B — Son las diez (de la noche).

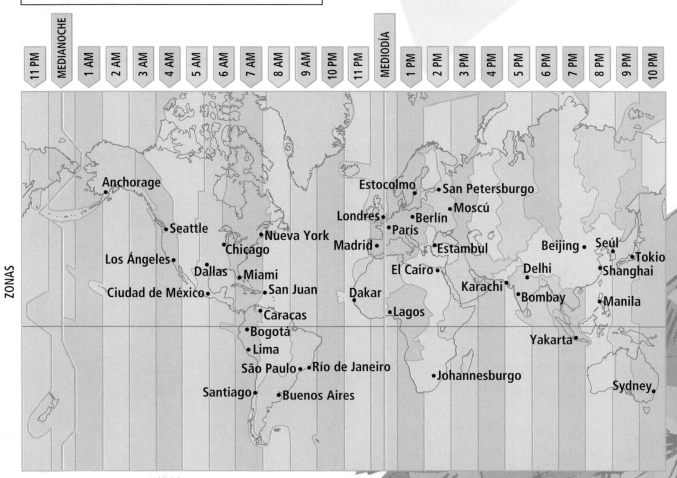

ZONAS

| 11 PM | MEDIANOCHE | 1 AM | 2 AM | 3 AM | 4 AM | 5 AM | 6 AM | 7 AM | 8 AM | 9 AM | 10 PM | 11 PM | MEDIODÍA | 1 PM | 2 PM | 3 PM | 4 PM | 5 PM | 6 PM | 7 PM | 8 PM | 9 PM | 10 PM |

Anchorage

Seattle

Nueva York

Estocolmo · San Petersburgo

Moscú

Londres · Berlín

París

Chicago

Los Ángeles ·

Madrid ·

Beijing · Seúl

Tokio

Dallas · Miami

El Cairo ·

Estambul

Delhi

Shanghai

Ciudad de México ·

San Juan

Dakar

Karachi ·

Bombay

Manila

Caracas

Lagos

Bogotá

Yakarta ·

Lima

São Paulo · Río de Janeiro

Santiago · Buenos Aires

Johannesburgo

Sydney

HORAS

¡Buen viaje!

Imagine that you go to school in Chicago and that your class is taking a trip to San Juan, Puerto Rico. This is your trip schedule:

DEP. CHICAGO
JUNE 29   10:25 A.M. NONSTOP   FLIGHT NO.2650
ARR. SAN JUAN
JUNE 29   3:57 P.M.

Use the time zone map and the schedule to figure out how long the flight is. You want to call your family to tell them you had a safe trip. The only time they are all together is at dinner time. What time should it be in San Juan when you call them?

Para pensar

Which word or phrase does not belong in each group?

• marcador, lápiz, grabadora, bolígrafo
• veinte, viernes, treinta, diez
• sala de clases, escuela, cafetería, media
• cuaderno, profesor, compañero, amigo

Create three similar lists and see if your partner can find the word or phrase that does not belong.

Gramática en contexto

This is a poster from a non-profit agency in Santiago, Chile. Can you give an example of a non-profit agency? Without looking at the text, what do you think might be the message of this poster?

A What forms of *necesitar* do you already know?

B When the animals "talk" about themselves, they use the word *necesitamos*. When they talk to the person reading the poster, they use *necesita*. These are two other forms

of the verb *necesitar*. Why do you think they are different?

C What other form of *necesitar* do you see in the poster? What is the ending? Why do you think it has that ending?

Los pronombres personales

We often use people's names to tell who is doing an action. We also use subject pronouns. They are words that take the place of subject nouns.

Name: John   *Subject pronoun*: he
Name: Mary   *Subject pronoun*: she

Singular

yo

tú

usted (Ud.)

él

ella

Plural

nosotros   nosotras

vosotros*   vosotras*

ustedes (Uds.)

ellos

ellas

* Most Spanish speakers use *ustedes* when speaking to two or more people. In Spain and in some other areas, however, when they are speaking to two or more people whom they would address individually as *tú*, they use *vosotros* or *vosotras*. We will include these pronouns when we present new verb forms. We will also use them occasionally in situations that take place in Spain. So you should learn to recognize them.

- *Yo* means "I."

  Speaking about yourself: *Yo necesito marcadores.*

- *Tú*, *usted*, and *ustedes* all mean "you."

  a. Use *tú* with a family member, a close friend, any other young person or a child, and anyone you call by a first name. Speaking to a friend: *¿Qué necesitas tú?*

  b. Use *usted* with an adult or with anyone with whom you would use a title of respect, such as *señor* or *profesora*. *Usted* is usually written as *Ud.* Speaking to your teacher: *¿Necesita Ud. el diccionario, señora?*

  c. Use *ustedes* when speaking to two or more people, even if you would call them *tú* individually. We usually write it as *Uds.* Speaking to two friends: *¡Paco! ¡Ana! ¿Necesitan Uds. la grabadora?*

- *Él* means "he." *Ella* means "she."

  Speaking about a boy: *Él necesita un lápiz.*
  Speaking about a girl: *Ella necesita un bolígrafo.*

- There are two forms for "we" in Spanish: *nosotras* for females, and *nosotros* for males or for a mixed group of males and females.

  If you are a girl, speaking about yourself and other girls: *Nosotras necesitamos una calculadora.*

  If you are speaking about yourself plus anyone else of the opposite sex: *Nosotros necesitamos una regla.*

- There are also two forms for "they." *Ellos* refers to a group of males or to a mixed group of males and females. *Ellas* refers to a group of females only. We use *ellos* and *ellas* when we are speaking <u>about</u> other people.

  Speaking about two or more other people, if any one of them is a male: *Ellos necesitan un cuaderno.*

  Speaking about two or more girls: *Ellas necesitan una mochila.*

- In Spanish, we often omit subject pronouns because most verb forms indicate who the subject is.

  Speaking about yourself: *Necesito la grabadora.*
  Speaking about yourself and a friend: *Necesitamos un lápiz.*

- Subject pronouns are usually used for emphasis or contrast, or if the subject is not clear: *Ella es perezosa, pero él es trabajador.*

1 With your partner, take turns telling which subject pronouns Ana would use to speak <u>to</u> these people and which ones she would use to speak <u>about</u> them. (HINT: When Ana is facing them, she is speaking <u>to</u> them. When she is facing you, she is speaking <u>about</u> them.)

a.   b.   c.   d.

e.   f.   g.   h

2 Now tell which form of "you" you would use if you were speaking to these people. Choose from *tú*, *Ud.*, and *Uds.*

a. three classmates
b. an older person sitting next to you on the bus
c. your cousin
d. your mother and sister
e. your teacher
f. the girl next door
g. the principal
h. your father

3 Tell which subject pronoun you would use when talking about these people. Choose from *nosotros, yo, ellos, ellas, él,* or *ella.*

a. yourself
b. your female cousin
c. your parents
d. you and a male friend
e. three female classmates
f. your male pet

Verbos que terminan en *-ar*

A verb usually names the action in a sentence. In Spanish, the last letter or letters of the verb tell you who does the action. We call the verb form that ends in *-r* the infinitive. It means "to ___," and no specific person is doing the action. It is the form you would find in a Spanish dictionary. On the right are some infinitives you already know. We call these *-ar* verbs.

ayudar
cocinar
dibujar
enseñar
escuchar
estudiar
hablar
nadar
necesitar
patinar
practicar
terminar
tocar

nadar

Singular		Plural	
(yo)	nad**o**	(nosotros) (nosotras)	nad**amos**
(tú)	nad**as**	(vosotros) (vosotras)	nad**áis***
(Ud.) (él) (ella)	nad**a**	(Uds.) (ellos) (ellas)	nad**an**

- To change an infinitive to a form that tells who is doing the action, remove the *-ar* and add the appropriate ending.

  cocinar   *to cook*
   (yo) cocino   *I cook, I am cooking*
   (nosotros) cocinamos   *we cook, we are cooking*

- These verb forms are in the present tense. This means that the action takes place regularly or is taking place now.

  Nado en la clase de educación física. ***I swim** in phys. ed. class.*

- When you want to say that you do *not* do something, use *no* before the verb form.

  No cocino en la clase de inglés. ***I don't cook** in English class.*

*Verb forms ending in *-áis*, such as *nadáis*, are used mainly in Spain. We will use them occasionally, and you should learn to recognize them.

• When we ask a question in Spanish, we usually put the subject after the verb or sometimes even at the end of the sentence.

¿Cocina Pedro? *Does Pedro cook?*

¿Estudia mucho **Laura?** *Does Laura study* a lot?

4 Which of these statements could you use to talk about yourself?

a. Dibuja en la clase de arte.
b. Estudio español.
c. Necesitan un diccionario.
d. Practico deportes.
e. Escuchamos música.
f. Hablo inglés.
g. Habla inglés y español.
h. Necesito una mochila.
i. Tocamos la guitarra.
j. Estudian mucho.

5 Which sentences in Exercise 4 could you use:

a. to talk about one friend?
b. to talk about that friend *and* yourself?
c. to talk about two friends?

6 Name four classmates and tell what school supplies each of them needs for a certain class.

a. Now tell what two of them need for a different class.
b. Tell what you need.
c. Name one classmate and tell what you and that person need.

7 Tell what other subjects you and your classmates are studying.

(nombre)

Julio estudia matemáticas.

a. (nombre)

b. (nombre) y (nombre)

c. (nombre) y (nombre)

d. (nombre) y yo

e. (nombre)

f. yo

Perspectiva CULTURAL

In the United States, grades may be based on tests and quizzes, class participation, projects, homework, and portfolios. But grades in Mexican schools are usually based entirely on test results and homework.

Look at the report card of this student in a Mexican technical middle school. (In a technical school, students prepare to be computer technicians, carpenters, aircraft mechanics, and other kinds of skilled workers.) This is the Mexican grading scale and a list of the roughly equivalent U.S. grades.

Mexico	United States
9, 10	A
8	B
7	C
6	D
5 or lower	F

Students are also graded on behavior, responsibility, cooperation, and appearance. Letter grades are usually given in these areas. Here is one scale ranked from highest to lowest.

- S = sobresaliente
- MB = muy bueno
- B = bueno
- R = regular
- I = insuficiente

Which grade do you think is a failing grade?

La cultura desde tu perspectiva

1 What advantages are there to being graded based only on test results and homework? What are some disadvantages?

2 Based on what you now know about schools in Mexico, list five suggestions that might help an exchange student from Mexico adjust to the way things are done in your school.

SEP **SISTEMA EDUCATIVO NACIONAL**

DIRECCIÓN GENERAL DE EDUCACIÓN SECUNDARIA TÉCNICA

LA DIRECCIÓN DE LA ESCUELA
ESCUELA SECUNDARIA TÉCNICA 86   09DST0086W
                                   CLAVE CCT
CERTIFICA QUE   89I08611340
                                   NÚM. DE CONTROL
ADÁN LUIS ROMERO CASTILLO

SEGÚN CONSTANCIAS QUE OBRAN EN EL ARCHIVO DEL PLANTEL CURSÓ EN EL AÑO LECTIVO 1995-1996
LAS MATERIAS DEL SEGUNDO GRADO DE EDUCACIÓN SECUNDARIA Y OBTUVO LAS SIGUIENTES CALIFICACIONES

ESTRUCTURA PROGRAMÁTICA POR ÁREAS											
ESPAÑOL	MATEMÁTICAS	LENGUA ADICIONAL AL ESPAÑOL	CIENCIAS NATURALES	CIENCIAS SOCIALES	EDUCACIÓN FÍSICA	EDUCACIÓN ARTÍSTICA	EDUCACIÓN TECNOLÓGICA				
							I	II	III	IV	V	PROM
8	8	8	9	9	9	8	9	9	*	*	*	9

CLAVE DE LA LENGUA ADICIONAL AL ESPAÑOL I   CLAVE DE LA EDUCACIÓN TECNOLÓGICA 315

MIGUEL ÁNGEL SOLÍS Y FONSECA
NOMBRE Y FIRMA

EL PRESENTE CERTIFICADO SE EXTIENDE EN VENUSTIANO CARRANZA, DISTRITO FEDERAL
A LOS VEINTIOCHO DÍAS DE JUNIO DE MIL NOVECIENTOS NOVENTA Y SEIS

B0368557

Top: Una estudiante en San Cristóbal, Venezuela, escribe el alfabeto en la pizarra. *Inset:* Lima, Perú

¡SOBRESALIENTE!

Gramática en contexto

This is a page from a catalogue of school supplies.

SÓLO EN

EL AÑO ESCOLAR

¡La mochila que necesitas!

1.500 Pesetas

Con cada mochila, recibes gratis:

- una regla
- una calculadora
- un cuaderno
- un diccionario

Una exclusiva de **El Año Escolar**   *Promoción válida hasta el 10 de septiembre.*

miércoles 13 de octubre, poco antes de ... de Nueva York, Atlanta, Hollywood y Londres

A Look at the names of the school supplies. Which ones end in *-a?* Which ones end in *-o?*

B Now look at the use of *un* and *una*. What pattern do you see? Work with a partner to write a rule for when to use *un* and when to use *una*.

C You know the names of some other things you use in school: *el libro, la hoja de papel, la pizarra.* If you were to label the items in the ad using *el* or *la,* how would you know which word to use?

Los sustantivos

Nouns refer to people, animals, places, and things. In Spanish, nouns have gender. They are either masculine or feminine.

- Most nouns that end in -*o* are masculine. Most nouns that end in -*a* are feminine. For example:

  el libr**o** la calculador**a**

  There are a few exceptions. You know one: *el día*.

- Other Spanish nouns end in -*e* or a consonant. Some of these are masculine, and some are feminine. For example:

  el cin**e** la clas**e**

  el láp**iz** la televisi**ón**

- A few nouns can be both masculine and feminine. For example: *el / la estudiante*.

- *El* and *la* are called definite articles and are the equivalent of "the" in English. We use *el* with masculine nouns, *la* with feminine nouns. For example:

  el libro **la** calculadora

  el cine **la** clase

  You need to learn a noun with its definite article, *el* or *la*. In Spanish we often use the definite article where we wouldn't in English:

  Me gusta **la televisión**. *I like television.*

- *Un* and *una* are indefinite articles, like "a" and "an" in English. We use *un* with masculine nouns, *una* with feminine nouns. For example:

  un muchacho **una** muchacha

  un lápiz **una** clase

1 Turn back to page 69. Can you find four masculine nouns and four feminine nouns? Make a list of these words in random order. Leave out the words *el* and *la* or *un* and *una*. Give the list to your partner. Have your partner write the correct definite article in front of each noun. Check the answers.

2 Look at the two pictures of the classroom. Working with a partner, make a list of things that are the same in both pictures and those that are different.

a.

b.

Diferente	No diferente
el profesor	el escritorio

3 Take turns finding out which of these things you and your partner have with you right now.

A — *¿Tienes un lápiz?*
B — *Sí, tengo. Aquí está.*
   o: *Sí, tengo. Allí está.*
   o: *No, lo siento.*

a.

b.

c.

d.

e.

f.

g.

h.

Después de las clases, Lima, Perú

TODO JUNTO

Here's an opportunity for you to put together what you learned in this chapter with what you learned earlier.

1 ¿En qué clases?

In groups of three, take turns asking partners what they do in different classes. For example:

A —*¿Escuchan Uds. música en la clase de español?*
B —*Sí, a veces.*
C —*Nosotros no escuchamos música pero sí hablamos mucho.*

2 Estoy pensando en la clase de . . .

In small groups, take turns thinking of a class. Others in the group will try to guess the class by asking questions. Here are some questions you may want to ask:

¿Cuándo es la clase?
¿Quién es el (la) profesor(a)?
¿Necesitas una regla?
¿Te gusta la clase?

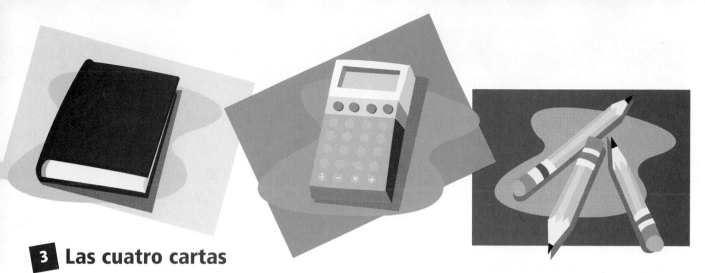

3 Las cuatro cartas

In small groups, prepare four index cards in Spanish of all the classroom items and school supplies that you know. (HINT: To review these words, look at the *Resumen* for *El primer paso* and for Capítulo 2.) Mix all the cards and deal them to the players.

The person to the left of the dealer says, for example: *Necesito una calculadora. Marta, ¿tienes una calculadora?* Marta answers either *Sí, tengo una calculadora. Aquí está.* or *No, no tengo.*

If Marta has the card, she hands it over and the student continues asking the other players for cards. If Marta does not have *una calculadora,* the next player gets to ask. Whoever has the most sets of four cards wins the game.

✔ Ahora lo sabes

Using what you have learned so far, can you:

- **talk about what you and other people do and don't do regularly?**

- **ask if someone has a certain thing and answer correctly if he or she asks you?**

- **speak in an appropriate way to a friend and to a teacher?**

- **compare and contrast your school experience with that of a student in Mexico?**

¡Vamos a leer!

Antes de leer

STRATEGY ➤ **Using prior knowledge**

We can often predict the kind of information a document will include. For example, in a menu, we expect to find the names and prices of different dishes. In a bus schedule, we look for arrival and departure times. Here is a report card for a student in Buenos Aires, Argentina. Make a list of four things you might expect to find in a report card.

Mira la lectura

STRATEGY ➤ **Scanning**

Remember that scanning means reading something quickly just to look for certain information. Scan the report card and put a check mark next to each thing on your list that you found in the report card.

BOLETÍN DE CALIFICACIONES PERTENECIENTE A *Josefa Villalba* GRADO *2º* SECCIÓN *B* TURNO *mañana*

BIMESTRE	Lengua	Matemáticas	Ciencias de la Naturaleza	Estudios Sociales	Actividades Prácticas	Educación Plástica	Educación Musical	Educación Física	Idioma Extranjero	Colaboración	Responsabilidad	Comportamiento en la escuela	Aseo y presentación	SE DESTACA EN:	TIENE DIFI-CULTADES EN:	Asistencias	Inasistencias	Faltas de Puntualidad	MAESTRO	DIRECTOR	PADRE, TUTOR O ENCARGADO
1º	7	6	9	9	7	5	5	6	9	B	MB	B	B	ciencias y estudios sociales	educación plástica musical	38	2	0			
2º	6	7	9	9	8	6	7	7	8	MB	B	B	B	ciencias y estudios sociales	—	24	6	0			
3º	8	9	8	7	6	7	8	9	10	S	MB	MB	MB	idioma colaboración	actividades prácticas	36	3	1			
4º	8	9	8	7	9	8	8	9	S	MB	MB	MB		muy buena asistencia y colaboración todo el año		32	4	2			

NOTA: Escala conceptual: S, sobresaliente; MB, muy bueno; B, bueno; R, regular; I, insuficiente (2º CICLO).

Escala numérica: 10, sobresaliente; 8 y 9, muy bueno; 6 y 7, bueno; 4 y 5, regular; 1, 2 y 3, aplazado (3er. CICLO).

Este boletín informa sobre el progreso del alumno, teniendo en cuenta el grado de madurez y el ritmo de aprendizaje en las distintas áreas del curriculum así como también la formación de sus hábitos, habilidades y actitudes valorativas dentro del ámbito escolar y sus intereses particulares para las distintas actividades.

SÍNTESIS ANUAL: *muy buena*
PROMOVIDO A: *3º grado*

FIRMA Y SELLO DEL D...

Infórmate

STRATEGY ➤ **Using context clues**

As you read, use the words near an unknown word to help you understand it. Look at the words before and after it. For example, in many coupons and school records you will find the words *name*, *address*, and *telephone number* together. If you don't know the Spanish word for "address," its location between the words for "name" and "telephone number" will help you figure it out.

1 Read the cover of the report card. Which of the following is *not* on the cover?

a. signature of a parent *(padre)*
b. name of the school
c. student's name
d. student's age
e. student's address

2 Read the report card.

a. What would *Áreas formativas* be called in your school?
b. What would *Apreciación personal* be called in your school?
c. Based on this report card, is the student likely to become a better musician or scientist?
d. Was this student late or absent more often?

Aplicación

With a partner, role-play this student showing his or her report card to a parent. Use this model.

PADRE/MADRE: Mmmm.
                Necesitas ....
                Eres muy ....

ESTUDIANTE: La clase de ...
              es (muy) ....

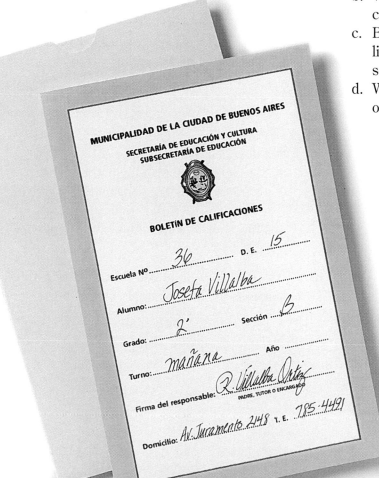

MUNICIPALIDAD DE LA CIUDAD DE BUENOS AIRES
SECRETARÍA DE EDUCACIÓN Y CULTURA
SUBSECRETARÍA DE EDUCACIÓN

BOLETÍN DE CALIFICACIONES

Escuela Nº ...... 36 ...... D. E. 15

Alumno: Josefa Villalba

Grado: 2'   Sección B

Turno: mañana   Año

Firma del responsable: R. Villalba Ortiz
PADRE, TUTOR O ENCARGADO

Domicilio: Av. Juramento 248   T. E. 785-4491

¡Vamos a escribir!

Write a letter to a Spanish-speaking friend about your school day. Follow these steps.

1 Write out your class schedule. Put a check mark beside two classes in which you have a lot of homework. Underline two classes that you like a lot.

2 Write your letter using the information about your classes. You may use this outline and add two sentences of your own.

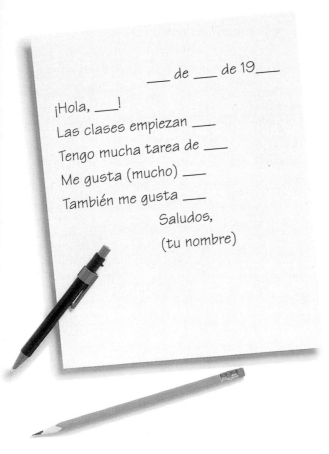

___ de ___ de 19___

¡Hola, ___!
Las clases empiezan ___
Tengo mucha tarea de ___
Me gusta (mucho) ___
También me gusta ___
     Saludos,
     (tu nombre)

3 Now show your letter to a partner. Ask which parts might be changed. Decide whether or not you agree, then rewrite your letter, making any changes that you have decided on.

4 Check your letter for spelling and punctuation. Use this checklist.

- capital letters at the beginning of a sentence
- accent marks
- correct use of the articles *el*, *la*, *un*, and *una*
- correct use of *-ar* verbs
- question marks or exclamation points at the beginning and end of questions and exclamations

5 Make any corrections and recopy. You might send your letter to:

- a new pen pal
- a student of Spanish in another school
- a student in another Spanish class at your school
- a member of your family or a friend who knows Spanish

You may want to include your letter in your portfolio.

Resumen del capítulo 2

Use the vocabulary from this chapter to help you:

- describe your class schedule
- find out about someone else's schedule
- name some school supplies you use

to talk about school subjects

el almuerzo
el arte *(f.)*
las ciencias
las ciencias de la salud
las ciencias sociales
la clase de ___
la educación física
el español
el inglés
las matemáticas
la música
la tarea
difícil
fácil
enseñar: enseña

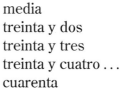

to talk about school supplies

la calculadora
la carpeta (de argollas)
el cuaderno
el diccionario
la grabadora
el horario
el lápiz, *pl.* los lápices
el marcador, *pl.* los marcadores
la mochila
la regla

to tell what people need

necesitar: (yo) necesito
            (tú) necesitas

to say what something is for

para

to express possession

tener: (yo) tengo
       (tú) tienes
tu

to express quantity

mucho, -a
un, -a

to ask for information

¿Qué?

to ask and tell when something takes place

a
¿A qué hora ___?
empezar: empieza
terminar: termina
es
la hora
    la primera hora
    la segunda hora
    la tercera hora
    la cuarta hora
    la quinta hora
    la sexta hora
    la séptima hora
    la octava hora
el semestre
    el primer semestre
    el segundo semestre

to ask and tell the time

¿Qué hora es?
Es la una (y ___).
Son las ___ (y ___).

cuarto
media
treinta y dos
treinta y tres
treinta y cuatro . . .
cuarenta
cuarenta y uno . . .
cuarenta y nueve
cincuenta
cincuenta y uno . . .
cincuenta y nueve

to express regret

Lo siento.

to express hesitation

A ver . . .

to talk about location

aquí
    Aquí está.
allí
    Allí está.

to tell who performs an action

yo
tú
usted (Ud.)
él, ella
nosotros, -as
vosotros, -as
ustedes (Uds.)
ellos, -as
¿Quién?

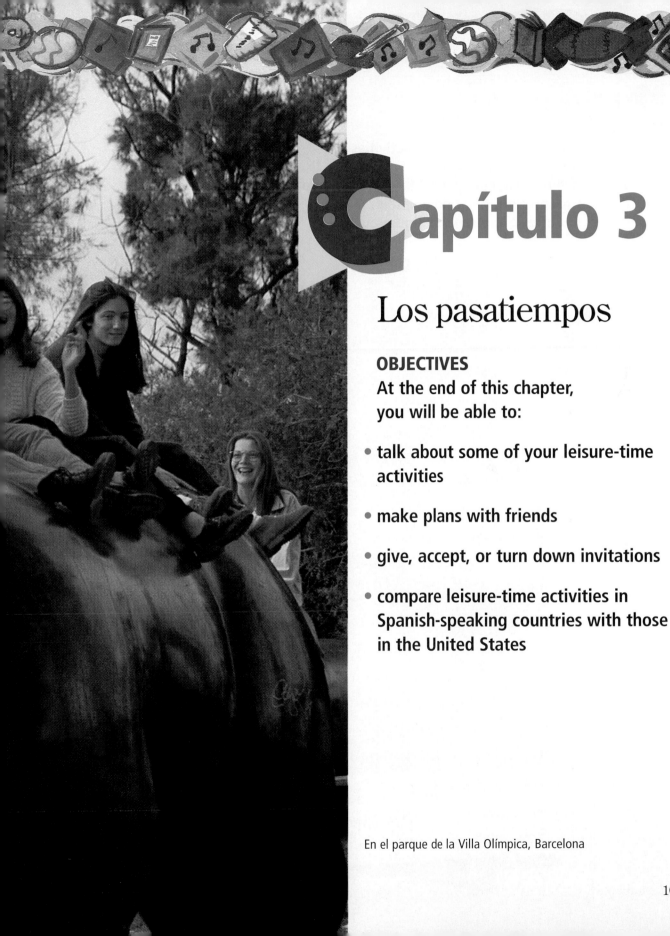

Capítulo 3

Los pasatiempos

OBJECTIVES
At the end of this chapter,
you will be able to:

- talk about some of your leisure-time activities

- make plans with friends

- give, accept, or turn down invitations

- compare leisure-time activities in Spanish-speaking countries with those in the United States

En el parque de la Villa Olímpica, Barcelona

¡Piénsalo bien!

Look at the photos. How do the leisure activities of these young people compare to what you and your friends like to do? Which of these would you most likely do with your friends? Read the captions. What do you think a *parque de diversiones* might be? And can you figure out what the *montaña rusa* is?

En el parque de Montjuïc, Barcelona

"Me gusta mucho ir al parque de diversiones con mis amigos. ¡Me encanta la montaña rusa!"

En la playa Boca Chica, República Dominicana

"¿Te gustaría nadar con nosotros?"

En el patio de una escuela, Lima, Perú

"Después de las clases, Julia y yo practicamos vóleibol.
¿Quién necesita una red?"

Vocabulario para conversar

¿Te gustaría ir conmigo?

- As your teacher reads the name of each activity, put your finger on the corresponding picture.
- As your teacher reads each activity, make a thumbs up gesture if you like it or a thumbs down gesture if you do not. If you like the activity a lot, respond with the Spanish word for "Great!"
- Pantomime for your partner the various activities and see if he or she can point to the ones you are demonstrating.

jugar béisbol*

jugar fútbol americano*

jugar vóleibol*

jugar fútbol*

jugar básquetbol*

ir de pesca

jugar tenis*

* The names of all these sports are masculine. For example: *el básquetbol*.

También necesitas . . .

estar: (yo) estoy · *to be: I am*
    (tú) estás · *you are*
conmigo, contigo · *with me, with you*
¿(A ti) te gustaría ___? · *Would you like ___?*
(A mí) me gustaría ___. · *I would like ___.*
poder: (yo) puedo · *can: I can*
    (tú) puedes · *you can*
querer: (yo) quiero · *to want: I want*
    (tú) quieres · *you want*
después (de) · *after*
después de las clases · *after school*
¿Por qué? · *Why?*

¡Claro que sí! · *Of course!*
¡Claro que no! · *Of course not!*
De nada. · *You're welcome.*
¡Genial! · *Great! Wonderful!*
¡Qué lástima! · *That's too bad! That's a shame!*

¿Y qué quiere decir . . . ?

ir: (yo) voy   hoy no
   (tú) vas   mañana*
con

ir a una fiesta

jugar videojuegos

ocupado, -a

ir de compras

enfermo, -a

cansado, -a

* *Mañana* alone means "tomorrow." *La mañana* means "morning."

Empecemos a conversar

With a partner, take turns being *Estudiante A* and *Estudiante B*. Use the words that are cued or given in the boxes to replace the underlined words in the example. means you can make your own choices. When it is your turn to be *Estudiante B*, try to answer truthfully.

1

A — *¿Puedes <u>ir de compras</u> conmigo?*
B — *Hoy no; lo siento. Estoy <u>cansado(a)</u>.*

Estudiante A

Estudiante B

a.   b.   c.   d.   e.

2

A — *¿Por qué no quieres <u>jugar fútbol</u>?*
B — *Quiero, pero no puedo. Necesito <u>ayudar en casa</u>.*
A — *¡Qué lástima!*

Estudiante A

Estudiante B

a.   b.   c.   d.   e.

3

A — ¿Te gustaría _jugar tenis_ conmigo?
B — ¿Contigo? _Sí, me gustaría (mucho)_.

Estudiante A

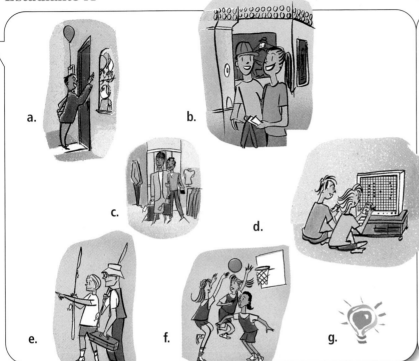

a.

b.

c.

d.

e.

f.

g.

Estudiante B

Lo siento, pero no puedo.

No puedo. Tengo mucha tarea.

Pues, ¡claro que sí!

¡Qué lástima! No puedo.

¡Sí, genial! ¡Gracias!

Sí, me gustaría (mucho).

Los videojuegos son muy populares en Viña del Mar, Chile.

Estos muchachos practican jai alai, el deporte regional del país vasco, en el norte de España.

Empecemos a leer y a escribir

Responde en español.

1 Toma esta prueba. Escribe las respuestas en una hoja de papel.

¿Eres adicto a la televisión?

1. ¿Cuál es tu pasatiempo favorito?
   a. Leer.
   b. Ver la tele.
   c. Hacer algo creativo, como dibujar o cocinar.
   d. Practicar deportes.

2. ¿Cuántas horas de televisión ves a la semana?
   a. De una a nueve.
   b. De diez a diecinueve.
   c. De veinte a veintinueve.
   d. Más de treinta.

3. ¿Cuándo ves la televisión los sábados y domingos?
   a. A veces por la noche.
   b. Por la mañana y por la tarde.
   c. Todo el día.
   d. Nunca.

Suma tus respuestas con esta tabla.

	a	b	c	d
Pregunta 1	1	4	2	3
Pregunta 2	1	2	3	4
Pregunta 3	2	3	4	1

¿Qué quieren decir los totales?

9 – 12 ¿No ayudas en casa? ¿No tienes tarea? ¿Eres perezoso(a)? ¿No puedes practicar un deporte, el básquetbol o el vóleibol, por ejemplo? ¡Necesitas un pasatiempo!

5 – 8 No ves mucha televisión, pero necesitas un pasatiempo. ¿Por qué no vas al cine o lees un libro?

1 – 4 ¡Felicidades! No ves mucha televisión. No necesitas más pasatiempos.

47

2 Write three excuses that you have learned how to say in this chapter.

~~~~~~

3 ¿Qué te gustaría hacer hoy después de las clases?

4 ¿Qué quieres hacer el sábado por la noche?

También se dice

jugar baloncesto

jugar balonvolea

ENTRETENIMIENTO

ALEGRA ESA CARA.

JOSE CORONADO
"EL GORDO"

IRMA SORIANO
"LA RULETA DE LA FORTUNA"

CONSUELO BERLANGA
"TAN CONTENTOS"

CARMEN ROSSI
"RICOS Y FAMOSOS"

NIEVES HERRERO
"DE TU A TU"

BARTOLOME BELTRAN
"VIVA LA VIDA"

CORAL BISTUER
"CINTURON NEGRO"

JUAN LUIS GOAS
"NOCHE DE LOBOS"

TERESA RABAL
"LA GUARDERIA"

Porque también en verano, todos los días, a toda hora, te ofrecemos el más sano y divertido entretenimiento.

Creado exclusiva y especialmente para ti.

Porque somos el canal de televisión con mayor número de programas de producción propia.

Programas nuestros. Programas tuyos.

Programas con calidad, imaginación y variedad.

Alegra esa cara. Porque seguimos contigo.

Porque estamos en verano.

Porque esto es

Antena 3 Televisión.

PROGRAMA TU VERANO

televisión

antena 3

TENEMOS MUCHO QUE VER CONTIGO.

Perspectiva CULTURaL

Mira las fotos. ¿Por qué les gusta a las familias visitar estos parques los fines de semana?

El Bosque de Chapultepec in Mexico City is one of the largest city parks in the world. It has a castle, a zoo, a botanical garden, and several museums, including the world-famous Museo Nacional de Antropología. It also has an amusement park, which offers a variety of rides—a roller coaster *(montaña rusa)*, a Ferris wheel *(rueda de feria)*, bumper cars *(carros locos)*, and so on.

El Retiro is the name of Madrid's most famous park. There you can visit the Crystal Palace, where many shows and exhibits are held. You can also watch a puppet show, go to a concert, or row a boat in the artificial lake. Nearby are a botanical garden and one of the world's finest art museums, El Prado.

In Mexico City and Madrid, many families often spend an entire Sunday afternoon at the park.

En el Museo Nacional de Antropología de México

El Bosque de Chapultepec

La cultura desde tu perspectiva

1 If you were staying with a family in Madrid or Mexico City, where in El Retiro or Chapultepec would you like to spend the most time? Why?

2 In what ways are parks in Spanish-speaking countries similar to parks that you know? How are they different?

El parque del Retiro

Vocabulario para conversar

¿Cuándo vas al parque?

- As your teacher reads each place name, hold up one finger if you go to that place often and two fingers if you do *not*.
- As your teacher names each season, point to the picture of an activity you like to do or a place you like to go to during that season.
- As your teacher names each place, indicate when you like to go there. Hold up one finger for *por la mañana*, two fingers for *por la tarde*, and three for *por la noche*.

el campo

LUNES

JUEVES

el parque

la playa

el gimnasio

MARTES

VIERNES

la piscina

el fin de semana

MIÉRCOLES

SÁBADO   DOMINGO

el centro comercial

el parque de diversiones

También necesitas . . .

¿Adónde?	*(to) where?*
a	*here: to*
a la, al (a + el)	*to the*
el pasatiempo	*hobby, pastime*
el lunes, el martes . . .	*on Monday, on Tuesday . . .*
los lunes, los martes . . .	*on Mondays, on Tuesdays . . .*
el fin (los fines) de semana	*on the weekend(s)*
(por) la mañana	*(in) the morning*
(por) la tarde	*(in) the afternoon*
(por) la noche	*(in) the evening*
generalmente	*usually, generally*
todos los días	*every day*
porque	*because*

¡No me digas!	*Really? You don't say!*
mi, mis	*my*
tus	*your*

> ## ¿Y qué quiere decir . . . ?
> ¿Dónde?
> jugar: (yo) juego
>   (tú) juegas
> el amigo, la amiga
> la familia
> solo, -a

las estaciones
(*sing.,* la estación)

la primavera

el verano

el otoño

el invierno

¡No olvides!

Do you remember the word *tu?* What do you think the difference is between *tu* and *tus?* When do you think you might use each one? And what is the difference between *tu* and *tú?*

¡No olvides!

¿Por qué? = Why?

porque = because

Empecemos a conversar

1   el domingo   **A** — *¿Adónde vas el domingo?*
  B — *Voy al parque de diversiones.*
  A — *¡No me digas! Yo también.*
    o: *¡No me digas! Yo voy al cine.*

¡No olvides!

a + el = al

Estudiante A   **Estudiante B**

a. el lunes
b. el martes
c. el miércoles
d. el jueves
e. el viernes
f. el sábado
g. mañana

2      **A** — *¿Cuándo vas al gimnasio?*
  B — *Voy los miércoles y los viernes.*
    o: *Pues, generalmente no voy.*

Estudiante A

a.   b.   c.

d.   e.   f.

Estudiante B

los lunes, los martes…

los fines de semana

todos los días

por la mañana / tarde /
  noche

después de las clases

3

A — *¿Con quién vas <u>al centro comercial</u>?*
B — *Generalmente voy <u>con mis amigos</u>.*
    o: *Generalmente voy <u>solo(a)</u>.*
    o: *No voy al centro comercial.*

Estudiante A   **Estudiante B**

4

A — *¿Dónde juegas <u>básquetbol</u>?*
B — *En <u>el gimnasio</u>.*
    o: *No juego básquetbol.*

Estudiante A   **Estudiante B**

a.

b.   c.

d.   e.

5

A — *¿Qué te gusta hacer en <u>el verano</u>?*
B — *Me gusta <u>ir a la playa</u> porque me gusta <u>nadar</u>.*
A — *¡No me digas! A mí también.*
    o: *A mí no (me gusta).*

Estudiante A   **Estudiante B**

a.   b.   c.   d.

Viña del Mar, Chile

"En febrero, ¿a quién no le gusta ir a la playa?"

Empecemos a leer y a escribir

Responde en español.

1 Which student is *not* making sense? Identify the student, then rewrite what he or she is saying so that it makes sense.

    a. "No soy nada atrevido. Al contrario, soy muy prudente. Generalmente nado en la playa, no en una piscina."

    b. "¡Qué lástima! No puedo ir de compras contigo hoy porque estoy enferma."

    c. "Soy callada y paciente y me gusta estar sola. Cuando no estoy ocupada los fines de semana, me gusta mucho ir de pesca."

2 Write full sentences telling when you do any four of the activities pictured. You can mention the season, the day of the week, or the time of day. For example:

En el otoño, juego fútbol después de las clases.
En la primavera, voy al campo los domingos.

3 Write questions to ask your partner about when he or she goes to three different places and with whom. Write down your partner's answers.

4 ¿Qué estación te gusta más? ¿Por qué?

5 Generalmente, ¿adónde vas después de las clases? ¿Cuál es tu pasatiempo favorito?

COMUNIQUEMOS

Here's another opportunity for you and your partner to use the vocabulary you've just learned.

1 Your partner wants to get together with you, but you are very busy. Consult the calendar for the week before you reply.

A — *¿Estás ocupado(a) el sábado a las nueve?*
B — *No.*
A — *¿Quieres ir á la playa conmigo?*
B — *...*

o:

A — *¿Estás ocupado(a) el lunes después de las clases?*
B — *Sí. Voy al gimnasio con Enrique.*
A — *¡Qué lastima! ¿Y el martes?*
B — *...*

¡No olvides!

a + el = al

LUNES
11 de Noviembre

4:00 GIMNASIO — ENRIQUE

MARTES
12 de Noviembre

5:30 — piscina

MIÉRCOLES
13 de Noviembre

JUEVES
14 de Noviembre

3:30 ir de compras con mamá

VIERNES
15 de Noviembre

7:30 cine con Felipe y Pablo

SÁBADO
16 de Noviembre

8:00 ¡fiesta!

DOMINGO
17 de Noviembre

3:00 parque con Raquel y Pablo

2 Make up a dialogue in which you ask a partner to join you in an activity. Your partner will either accept or refuse politely and explain what his or her plans are.

A — *¿Quieres patinar conmigo?*
B — *Sí. ¿Cuándo?*
A — *. . .*
o:
A — *¿Quieres patinar conmigo?*
B — *Me gustaría, pero no puedo porque voy de compras con mi familia.*

3 You are going to a party Friday night. Find out from a partner

- what time the party begins
- with whom he or she is going

If your partner is going alone, ask if he or she would like to go with you.

Be prepared to present your conversation to the class.

✔Ahora lo sabes

Using what you have learned so far, can you:

- **say what you would like to do after class?**

- **say that you want to do something or go somewhere but cannot?**

- **invite someone to do something with you?**

- **accept or turn down an invitation?**

- **give an excuse or explanation?**

Conexiones

These activities connect Spanish with what you are learning in other subject areas.

Pasatiempos favoritos

Vamos a hacer una encuesta sobre los pasatiempos. Mira la tabla en la pizarra. Haz una marca (√) junto a tu pasatiempo favorito.

Número total de estudiantes:

Pasatiempos	Número de estudiantes	Porcentaje
ir de compras	√√	
ir al parque de diversiones	√	
ir al cine		
jugar videojuegos		
practicar deportes	√	

En grupo, sumen las marcas. Luego calculen el porcentaje de los estudiantes que prefiere cada actividad.

Para pensar

Marta, Pablo, Pilar y Jorge van a lugares diferentes. Van a la piscina, a la cancha de tenis, a una exposición de arte y a un concierto. ¿Adónde va cada uno?

Marta no es muy deportiva, pero nada bien y le gusta mucho.

Pilar toca la trompeta en la banda y escucha música todos los días.

Pablo dibuja todos los fines de semana porque es muy artístico.

La precipitación en Puerto Rico

Usa los mapas para responder a estas preguntas.

a. ¿Dónde llueve más en Puerto Rico?
b. ¿Dónde llueve más en los Estados Unidos?
c. ¿Cuánto llueve donde tú vives? ¿En qué estación llueve más?

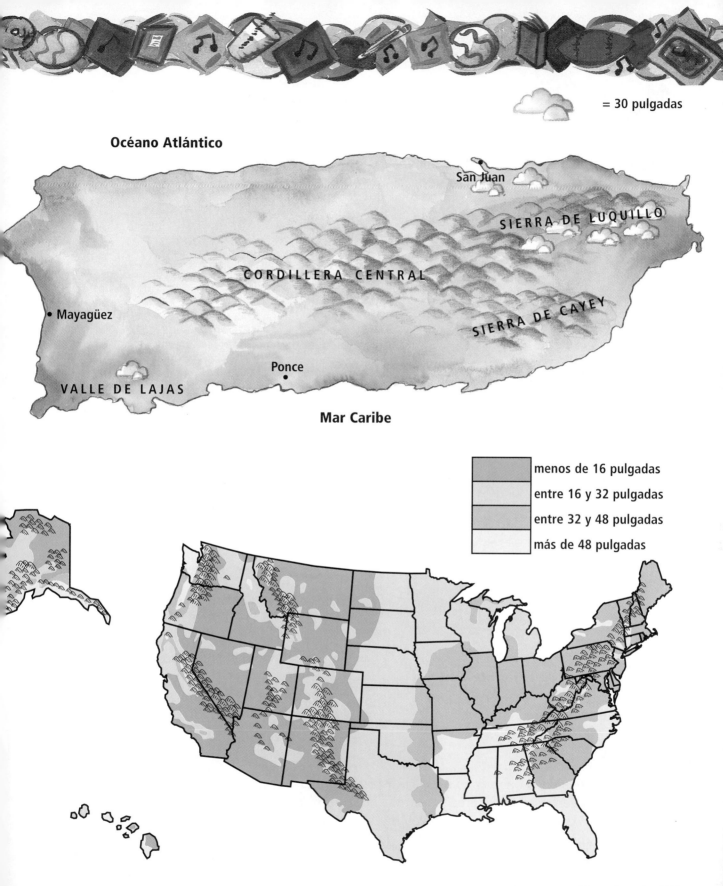

= 30 pulgadas

Océano Atlántico

San Juan

SIERRA DE LUQUILLO

CORDILLERA CENTRAL

SIERRA DE CAYEY

• Mayagüez

Ponce

VALLE DE LAJAS

Mar Caribe

menos de 16 pulgadas

entre 16 y 32 pulgadas

entre 32 y 48 pulgadas

más de 48 pulgadas

Gramática en contexto

Look at the brochure describing a family vacation camp. What kind of information would you expect to find? Can you find all that information in this brochure?

Vamos a ir al

CAMPAMENTO BELLA VISTA

¿Por qué no va Ud. con nosotros?

Por la mañana vamos a nadar en la piscina olímpica o vamos a ir de pesca.

Por la tarde vamos a montar a caballo en el campo o a tomar el sol en la playa.

Por la noche vamos a escuchar música o a practicar deportes.

¿No quiere Ud. pasar sus vacaciones en el Campamento Bella Vista?

Para hacer reservas o para obtener más información, llame al 1-800-555-4132.

A What activities does Campamento Bella Vista offer? What verb is used with each pair of activities? What subject pronoun do you think goes with this verb form? Explain your answer to a partner.

B In the brochure, *vamos a* is always followed by a verb. What do you think *vamos a ir* and *vamos a nadar* mean? Based on what you've seen, explain to your partner what form of the verb to use after *vamos a*.

El verbo *ir*

You know that verbs whose infinitives end in *-ar* follow a pattern. The endings show who is doing the action: *(yo) cocino, (tú) cocinas,* and so on.

- Verbs that follow certain patterns are called **regular** verbs. Those that do <u>not</u> follow those patterns are called **irregular**. The verb *ir*, "to go," is irregular. Here are its present-tense forms.

(yo)	**voy**	(nosotros) (nosotras)	**vamos**
(tú)	**vas**	(vosotros) (vosotras)	**vais**
(Ud.) (él) (ella)	**va**	(Uds.) (ellos) (ellas)	**van**

- The verb *ir* is often followed by the word *a*.

  Voy a la playa.

  Voy al cine.

1 Based on the chart, with which of the following people would you use the verb form *van?* What forms of *ir* would you use with the other people?

a. Ana y Antonio

b. los muchachos

c. María Luisa

d. Juan Pedro

e. mis amigos

f. Juan Carlos y Jorge

INSTALACIONES DEPORTIVAS EN ALQUILER

2 There is a teachers' meeting today and you have the day off from school. Everyone is going to a different place. With a partner, take turns asking and answering questions about where the following people are going.

Anita   A —*¿Adónde va Anita?*
                B —*Va al centro comercial.*

Estudiante A   **Estudiante B**

a. Gustavo

b. Isabel y Elena

c. Carlos

d. Uds.

e. Felipe y Ramón

f. tú

g. nosotros

3 Find out from three people where they are going after school today.

A —*¿Adónde vas después de las clases hoy?*
B —*Voy al gimnasio.*

Then tell your partner where each of the three is going. For example:

Ricardo va al gimnasio. Ana María y Patricia van de compras.

Parque de diversiones,
Barcelona

4 Choose one thing from each column in order to make true statements.

mis amigos
y yo

Mis amigos y yo vamos de pesca los sábados.
o: *Mis amigos y yo no vamos de pesca.*

a. mis amigos

b. (yo)

c. mi familia y yo

d. el (la) profesor(a)

e. los estudiantes

f. nosotros

g.

los lunes, los martes . . .

los fines de semana

en el verano, en el otoño . . .

después de las clases

por la mañana, por la tarde . . .

todos los días

Ir + a + **infinitivo**

We also use a form of the verb *ir + a* + infinitive to tell what someone is going to do.

Nado los fines de semana.   *I swim on the weekends.*

Voy a nadar mañana.   *I'm going swimming tomorrow.*

¡No olvides!

Infinitives always end in *-r* in Spanish.

5 Which of these activities happen regularly and which ones are going to happen tomorrow?

a. Patinan.   e. Ayudo en casa.

b. Hablamos.   f. Van a estudiar.

c. Juego tenis.   g. Vas a jugar béisbol.

d. Va a nadar.   h. Vas al parque.

6 With a partner, take turns asking and answering whether or not you're going to do any six of the activities listed.

A — *¿Vas a jugar fútbol mañana?*
B — *Sí, voy a jugar fútbol.*
          o: *No, no voy a jugar fútbol.*

ir a una fiesta	jugar básquetbol	ir al cine
estudiar	jugar fútbol americano	ver la tele
ayudar en casa	jugar tenis	ir de compras
ir al centro comercial	jugar vóleibol	leer un libro

7 Based on the answers your partner gave in Exercise 6, tell another student one thing your partner will and will not do tomorrow. For example:

Juan va a jugar fútbol mañana pero no va a ir al cine.

If there is something that both of you—or neither of you—will do, report that too.

(No) Vamos a . . .

COLEGIOS RESIDENCIALES DE INGLES EN VERANO (ESPAÑA)

UN VERANO "EXCLUSIVO" PARA SUS HIJOS

ENGLISH SUMMER S.A.
SCHOOLS

- Empresa familiar, dirigida por Mrs. Margaret Wright.
- 16 años de Experiencia.
- 8.000 familias de toda España nos han confiado a sus hijos.
- 2 Centros en propiedad en la provincia de Tarragona.
- Antiguo Hotel-Balneario "La Capella"(a 200 m. Monasterio de Poblet).
- Casa Señorial del pueblo de Vallclara.
- Estancias de 2, 3 o 4 semanas.
- Edades: De 5 a 13 y de 14 a 18 años.

Plazas limitadas

<< Una forma diferente de aprender Inglés en combinación con el deporte, la diversión, el tiempo libre y la convivencia. >>

ENGLISH SUMMER S.A.
Rambla vella 2. - 43003 TARRAGONA
Tfno: 977/ 23.45.08
Fax: 977/ 23.45.19

<<Our way of teaching makes learning fun>>
Established in 1980

Desearía recibir un folleto sin compromiso alguno.

Nombre y Apellidos ....

Domicilio .... Nº .... Piso ....

Población .... C.P. .... Provincia ....

Teléfono .... Curso escolar ....

Remita este cupón a: ENGLISH SUMMER S.A.
Rambla vella 2. Edif.Hotel Tárraco - 43003 TARRAGONA

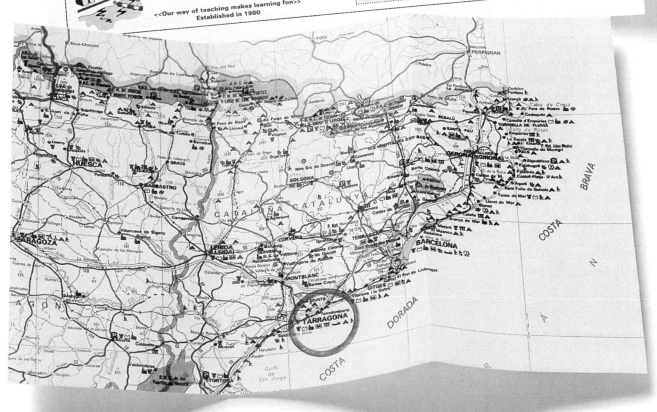

Perspectiva CULTURAL

In small Latin American cities and towns, the main outdoor gathering place is the *plaza,* an area surrounded by the church, government offices, and other important buildings. It may have a small playground. The plaza is where people meet to exchange news and local gossip. Vendors may sell newspapers, magazines, snack food, balloons, and toys. Sometimes there are dance and theater performances. In some plazas you can get your shoes shined or even get your hair cut.

Although the custom is disappearing, in some places almost the whole town may turn out for a late afternoon stroll *(un paseo)* around the plaza. Families walk together. The adults talk, the children play, and the young people chat. It is a pleasant way to socialize and get some fresh air and exercise at the same time.

Some people use the plaza almost as an outdoor living room. They relax, have snacks, and meet their friends. They don't go to the plaza for any specific purpose, but just for the pleasure of being there. The plaza is truly the heart of a town.

La cultura desde tu perspectiva

1 Why do you think people might spend their free time in a plaza? Why might this be fun?

2 Is there a place in your community where people go for the same reasons that people in Spanish-speaking towns go to the plaza? What are the differences? What are the similarities?

La catedral de Santa Prisca, en la Plaza de Borda, Taxco, México

El domingo en la Plaza de Borda

Muchachos y muchachas se divierten en la Plaza de San Fernando, Guanajuato, México.

Gramática en contexto

Read this ad for a popular new electronic game.

A You already know several forms of the verb *estar*. How would you say "I am busy" and "Are you sick?" How would you ask your teacher "How are you?" Can you predict what the *nosotros/nosotras* form of *estar* would be? And the *Uds./ellos/ellas* form?

B You also know the word *con*. What does *Cuando juegas videojuegos conmigo* mean? How is this use of *con* different from what you might have expected?

La preposición *con*

The word *con* may be used with the names of people *(con Ana, con Juan)* or in the following ways.

conmigo	**con nosotros / con nosotras**
contigo	**con vosotros / con vosotras**
con Ud. / con él / con ella	**con Uds. / con ellos / con ellas**

1 Take turns asking a partner about doing these things together.

jugar fútbol

A —*¿Quieres jugar fútbol conmigo después de las clases?*
B —*¿Contigo? Claro que sí, gracias.*
    o: *Me gustaría, pero no puedo porque . . .*

a. ir de compras   d. ver la tele   g. jugar básquetbol

b. ir al gimnasio   e. estudiar   h. ir a nadar

c. jugar béisbol   f. jugar videojuegos   i.

2 Take turns asking a partner with whom he or she would like to do these activities.

Alicia

A —*¿Con quién te gustaría ir a nadar el sábado?*
B —*Con Alicia.*
A —*¿Con ella?*
B —*Sí, con ella.*

a. Luisa

b. Marta

c. Rafael y Julia

d. Marcela y Graciela

e. Uds.

f. Miguel

g.

3 Choose any three activities you know and say with whom you would like to do them this weekend, or if you would like to do them alone.

Me gustaría jugar tenis con Pilar el domingo.

El verbo *estar*

Estar ("to be") is an irregular verb. We use it to tell how someone feels or where someone is. Here are its present-tense forms.

(yo)	**estoy**	(nosotros) (nosotras)	**estamos**
(tú)	**estás**	(vosotros) (vosotras)	**estáis**
(Ud.) (él) (ella)	**está**	(Uds.) (ellos) (ellas)	**están**

• In writing, be sure to use the accent mark on all forms except *estoy* and *estamos*.

4 All of these subjects use the same form of *estar*. What is it?

a. Juan y yo
b. tú y yo
c. ellos y yo
d. ella y yo
e. Elisa, Susana y yo

5 Match the questions in column A with the responses in column B.

A	**B**
a. ¿Cómo está Juan?	Estamos enfermos.
b. ¿Cómo está Ud.?	Estoy enfermo(a).
c. ¿Cómo están Uds.?	Está enfermo.
d. ¿Cómo estás?	

Jugando pato en Argentina

6 With a partner, take turns asking and answering where these people and pets are.

A — *¿Dónde está Arturo?*
B — *Arturo está . . .*

7 Find out from several classmates how they are feeling today. Take turns asking and answering using *bien*, *enfermo(a)*, or *cansado(a)*.

Keep a log for reporting this information to your teacher. For example:

You ask Juan: *¿Cómo estás hoy?*
He answers: *Estoy cansado.*
You write in your log: *Juan está cansado hoy.*

TODO JUNTO

Here's an opportunity for you to put together what you learned in this chapter with what you learned earlier.

 ¿Cómo soy yo?

Make a collage about yourself. You may include drawings or pictures from magazines that show your favorite activities, places where you enjoy spending your free time, people you like to spend time with, and so on. Then get together in a small group to explain your collage and answer any questions. For example:

A mí me gusta mucho ir de compras. Los fines de semana voy al centro comercial con mis amigos.

2 El fin de semana

Tell your partner at least three things that you are going to do this weekend. Say either <u>with whom</u> or <u>when</u> you are going to do each activity. Your partner will ask about the missing information.

A —*Voy a ir al gimnasio el sábado por la mañana.*
B —*¿Con quién?*
A —*Con Pedro.*
    o: *Voy solo(a).*

o: A —*Voy a ir al gimnasio con Pedro.*
B —*¿Cuándo?*
A —*El sábado por la mañana.*

Then form a group with another pair, and ask and answer questions about the activities you and your partner are each going to do this weekend. For example:

¿Adónde vas ...?
¿Cuándo ...?
¿A qué hora ...?
¿Con quién ...?

¿Adónde va tu compañero(a)?
¿Cuándo ...?
¿A qué hora ...?
¿Con quién ...?

Be prepared to report to the class about how many students in your group are going to do each activity. For example: *Tres estudiantes van a ir de compras.*

3 ¿Adónde vas?

Of all the places you learned about in this chapter, where do you most like to go when you're not in school? With your teacher, label certain parts of the room as favorite places to go. After the class has divided into two teams, a student from Team A starts by asking a student from Team B a question. For example:

A —*José, ¿vas al gimnasio después de las clases?*

B —*Sí, voy al gimnasio.*
    o: *No, voy al parque.*

The person from Team B goes to his or her favorite place, and then asks someone from Team A a question. Questioning continues until everyone has had a turn to ask a question and to go to his or her favorite place.

Afterwards, count how many people are in each place. For example:

Seis estudiantes están en el (la) ...

Which is the favorite place of the largest number of students? How many students are in that place?

✔ Ahora lo sabes

Using what you have learned so far, can you:

- **tell where you or someone else is going?**

- **report how you or someone else feels?**

- **say who is going to do an activity with you?**

- **ask and tell where someone is?**

¡Vamos a leer!

Antes de leer

STRATEGY ➤ Using prior knowledge

What kinds of information can you find on a baseball card? Make a list of five things.

Mira la lectura

STRATEGY ➤ Scanning

Read the baseball cards quickly, just to see if you can find the information on your list. Check off the items you found.

José Oquendo
Segunda Base

Talla: 5'10" Peso: 171 lbs.
Ligas Mayores: 9 Años Nació: 7/4/63
Lugar de Nacimiento: Río Piedras, PR
Bateador: Ambidextro Lanza: Derecho

En 1992, José jugó su juego
número 1,000.

Año Equipo	J	AB	C	H	HR	CI	AVG
1992 Cardinals	14	35	3	9	0	2	.257
Totales LM	1001	2780	288	726	12	224	.261

Oquendo, veterano jugador de los Cardenales, sufrió una lesión que lo forzó a perder gran parte de la temporada de 1992. En cinco temporadas consecutivas José ha jugado 100 ó más juegos.

St. Louis Cardinals. **298**

Mélido Pérez
Lanzador

Talla: 6'4" Peso: 180 lbs.
Ligas Mayores: 6 Años Nació: 2/15/66
Lugar de Nacimiento: San Cristóbal, RD
Bateador: Derecho Lanza: Derecho

Mélido se une con su hermano Pascual en
los Yankees en 1992.

Año Equipo	G	P	JS	EL	J	K	BB	ERA
1992 Yankees	13	16	0	247.2	33	218	93	2.87
Totales LM	58	62	1	971	183	791	398	3.90

En su primera temporada con los Yankees, Pérez, fue líder de su equipo con 13 victorias, empatando la mejor marca de su carrera. Mélido finaliza con el mejor promedio de efectividad en su carrera de 2.87.

Yankees. **210**

Luis Polonia
Jardinero

Talla: 5'8" Peso: 150 l
Ligas Mayores: 6 Años Nació:
Lugar de Nacimiento: Santiago
Bateador: Izquierdo Lanza: Izquierdo

Luis fue líder en su equipo en bases
robadas con 51 en 1992.

Año Equipo	J	AB	C	H	HR	CI	AVG
1992 Angels	149	577	83	165	0	35	.286
Totales LM	753	2740	427	818	13	242	.299

Polonia puede ser pequeño en estatura, pero el veterano de seis años demostró que sabe mover su bate. En su primera temporada con los Angeles Luis promedió .366 para California en 1990, el máximo en su carrera.

California Angels. **50**

Infórmate

STRATEGIES▶ **Using cognates
Using context to get
meaning**

1 Cognates—Spanish words that look or
sound like English words—can be very
useful to you in reading. Read the baseball
cards and make a list of all the cognates that
you can find. Compare lists with a partner,
and make a combined list that is as long as
possible.

2 Look at the personal information after each
player's name and position. Then match
these words with the numbers that they
might go with.

a. Ligas mayores   175
b. Nació   8
c. Peso   7/13/73
d. Talla   5'10"

3 Now read all the baseball cards carefully.
Use what you know about baseball and
what you have figured out. Tell a partner
the meaning of two words you didn't
know before.

Aplicación

1 Choose a famous athlete, and make a sports
card for him or her. Make it the size of a
small poster. Illustrate it with a photo or
drawing. Include this information along with
any statistics you can find:

• name
• team
• height and weight
• birthplace and birth date

2 Choose from the word bank to fill in the
blanks in these sentences. Not all the words
will be used.

a. En la ___ de 1996, Mike jugó su juego
número 20.
b. Randy tiene un promedio de .360,
el mejor de las ___ mayores.
c. Tom es el mejor robador de ___.
d. ¿Cuál es el nombre de tu ___? ¿Los
Leones o los Tigres?

Banco de palabras	
bases	lanzador
carreras	ligas
equipo	temporada

¡Vamos a escribir!

Imagine that your family is going away for the weekend. Write a letter inviting a friend to join you.

1 Think about what you are going to do while you are away. From the list choose two places that you would like to go and at least one activity that you would like to do in each place.

| Lugar | Actividad |

el centro comercial
  ir de compras
  ir al cine
  jugar videojuegos

la playa
  jugar vóleibol
  nadar

el campo
  ir de camping
  ir de pesca

el parque
  jugar fútbol
  jugar tenis
  jugar básquetbol
  patinar

2 Next, write your letter inviting someone to go with you. Use the format from the *¡Vamos a escribir!* section of Chapter 2, page 102.

3 Show your letter to a partner. Does he or she suggest any changes in the wording, spelling, or punctuation? Recopy your letter and make any changes that you agree with.

4 Use this checklist to check your letter:

- capital letters at the beginning of sentences
- accent marks
- correct use of the verbs *ir*, *ir a*, and *estar*
- question marks and exclamation points at the beginning and end of questions and exclamations

5 Make a clean copy of your letter. Put it in an envelope and "mail" it in a classroom mailbox. Take turns drawing letters from the mailbox and answer the one you pick. You may agree to go, or you may want to make an excuse.

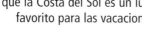

Mira un mapa. ¿Por qué crees que la Costa del Sol es un lugar favorito para las vacaciones?

Resumen del capítulo 3

Use the vocabulary from this chapter to help you:

- **talk about some of your leisure-time activities**
- **make plans with friends**
- **give, accept, or turn down invitations**

**to ask and to tell how
someone feels or
where someone is**
¿Dónde?
estar: (yo) estoy
(tú) estás

**to ask and to tell where
someone is going**
¿Adónde?
ir: (yo) voy
(tú) vas
a
a la, al (a+el)
el campo
el centro comercial
el gimnasio
el parque
el parque de diversiones
la piscina
la playa

to talk about activities
ir a una fiesta
ir de compras
ir de pesca
jugar: (yo) juego
(tú) juegas
jugar básquetbol
jugar béisbol
jugar fútbol
jugar fútbol americano

jugar tenis
jugar videojuegos
jugar vóleibol
el pasatiempo

**to say when you do
an activity**
la estación, pl. las estaciones
la primavera
el verano
el otoño
el invierno
el lunes, el martes…
los lunes, los martes…
el fin (los fines) de semana
después de (las clases)
(por) la mañana
(por) la tarde
(por) la noche
generalmente
hoy no
mañana
todos los días

**to say with whom you do
an activity**
con
conmigo, contigo
el amigo, la amiga
la familia
solo, -a

**to extend, accept, or
decline invitations**
¿(A ti) te gustaría ___?
(A mí) me gustaría ___.
poder: (yo) puedo
(tú) puedes
querer: (yo) quiero
(tú) quieres
¡Claro que sí!
¡Claro que no!
De nada.
cansado, -a
enfermo, -a
ocupado, -a

to ask for an explanation
¿Por qué?

to give an explanation
porque

**to express surprise,
enthusiasm, or
disappointment**
¡No me digas!
¡Genial!
¡Qué lástima!

to express possession
mi, mis
tus

Capítulo 4

¿Qué prefieres comer?

OBJECTIVES
At the end of this chapter,
you will be able to:

- tell what you like and don't like to eat and drink

- give reasons for your food and drink preferences

- say whether you are hungry or thirsty

- compare and contrast eating customs in Spanish-speaking countries and in the United States

Un mercado en Perú

145

¡Piénsalo bien!

Look at the photos. What do you see that is similar to what you are used to? What do you see that's different? What do you suppose the people are doing in the photographs?

En Aguascalientes, México

Look carefully at the photo. What do you think this boy might be selling? How do you know?

"Después, vamos a preparar tortillas."

Un mercado en Cali, Colombia

"¿Qué frutas quieres? ¿Uvas rojas? ¿Uvas verdes? ¿Naranjas?"

Vocabulario para conversar

¿Qué te gusta comer?

- As your teacher reads the words aloud, put your finger on the appropriate pictures.
- As your teacher reads the name of a meal aloud, point to a food you like to eat at that meal.
- As your teacher names each food, raise your right hand if you eat it often and your left hand if you seldom eat it.

EL DESAYUNO

el pan tostado

el cereal

el huevo

el jamón

EL ALMUERZO

las frutas

las papas fritas

la hamburguesa

el tomate

los sandwiches

el queso

la ensalada

el sandwich de jamón y queso

LA CENA

la sopa de pollo

la sopa de tomate

el bistec

el pescado

las papas al horno

la sopa de verduras

el arroz   el pollo

el pan

las verduras

También necesitas . . .

comer: (yo) como	*to eat: I eat*	siempre	*always*
(tú) comes	*you eat*	nunca	*never*
la comida	*meal*		
la merienda	*afternoon snack*		
más o menos	*more or less, sort of*		
¡Qué asco!	*Yuk! That's disgusting!*		
¿verdad?	*isn't that so?, right?*		
me encanta(n)	*I love (something)*		

¿Y qué quiere decir . . . ?
en el desayuno / en el almuerzo / en la cena
prefiero, prefieres

Empecemos a conversar

With a partner, take turns being *Estudiante A* and *Estudiante B*.
Use the words that are cued or given in the boxes to replace the
underlined words in the example.  means you can make
your own choices. When it is your turn to be *Estudiante B*, try
to answer truthfully.

1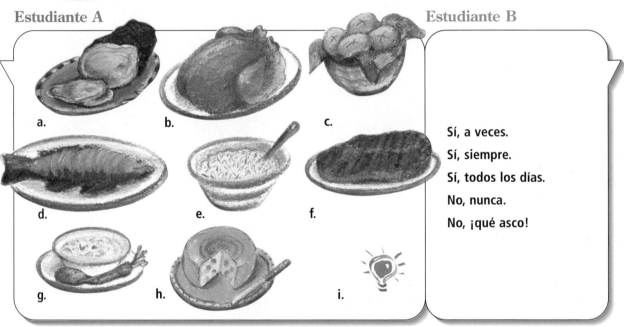

A — *¿Comes huevos?*
B — *Sí, a veces.*

Estudiante A

a.

b.

c.

d.

e.

f.

g.

h.

i.

Estudiante B

Sí, a veces.

Sí, siempre.

Sí, todos los días.

No, nunca.

No, ¡qué asco!

El costeño (n.d.),
José Agustín Arrieta

2   A — *Te gustan <u>las hamburguesas</u>, ¿verdad?*
B — *<u>Sí, me encantan</u>.*

Estudiante A   **Estudiante B**

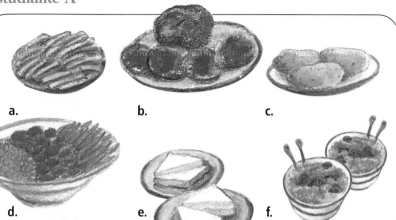

a.   b.   c.

Más o menos.

Sí, me encantan.

No, no me gustan (mucho).

No, no me gustan nada.

No, ¡qué asco!

d.   e.   f.

3   A — *¿Qué prefieres comer, <u>pollo o pescado</u>?*
B — *Prefiero <u>pollo</u>.*
     o: *No me gustan ni el pollo ni el pescado.*

Estudiante A   **Estudiante B**

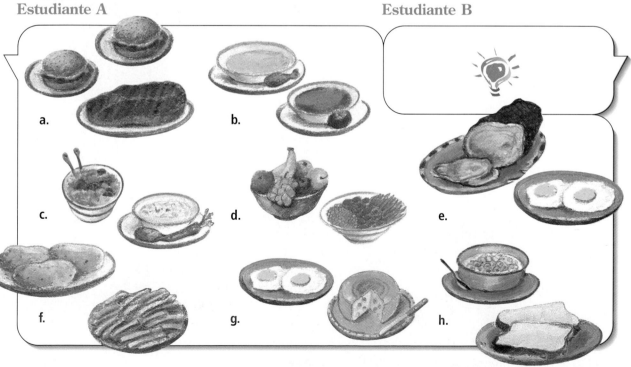

a.   b.

c.   d.   e.

f.   g.   h.

4 el desayuno   A — *¿Qué comes en <u>el desayuno</u>?*
        B — *Generalmente como <u>cereal y pan tostado</u>.*

Estudiante A   **Estudiante B**

a. la cena
b. el almuerzo
c. el desayuno

Empecemos a leer y a escribir

Responde en español.

1 Read Anita's shopping list. What two meals do you think she is shopping for?

pan
queso
cereal
café
jamón
huevos
frutas
tomates

2 What meal is *not* reflected in the shopping list? Copy the list. Then add to it what Anita needs to buy for the third meal.

3 Copy the names of the soups you have learned. Using these as a model, choose other foods from the vocabulary and create three funny soups.

4 Generalmente, ¿qué comes en el almuerzo? ¿Con quién comes?

5 ¿Qué comida prefieres, el desayuno o la cena? ¿Por qué?

También se dice

la tostada

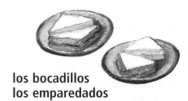

**los bocadillos
los emparedados**

**el bife
el biftec
el filete**

**las legumbres
las hortalizas**

los jitomates

Perspectiva CULTURAL

Mira las ilustraciones. ¿Para qué comidas son estos platos? ¿Son similares a o diferentes de platos que tú comes?

In Spanish-speaking countries, as in the United States, there are three main meals—*el desayuno, el almuerzo*, and *la cena*.

El desayuno

El desayuno generally takes place between 7 and 8:30 A.M. It is usually a light meal. It might consist of coffee or *café con leche*, which is half coffee and half hot milk, and bread or rolls with butter and jam. Children and teenagers sometimes drink hot chocolate or chocolate milk instead of coffee.

On weekends, when there is more time to prepare breakfast, people enjoy a variety of foods. The illustrations show two typical Sunday breakfasts in Spanish-speaking regions.

El almuerzo

El almuerzo (called *la comida* in Spain and Mexico) is the largest and most important meal of the day. It is eaten between 1 and 3 P.M. Many businesses and schools close so that families can enjoy *el almuerzo* together at home.

In some countries, for example, Spain, Chile, and Argentina, the midday meal may include several courses. There may be a soup, a meat course with vegetables or a salad, dessert, and coffee. In tropical areas, such as Puerto Rico, the Dominican Republic, and the Caribbean coast, it is usually just one main dish. It is often rice and beans served with a small portion of meat and a drink.

Although this lengthy midday break is still common, more and more businesses are adopting an uninterrupted schedule (*jornada continua*) similar to working hours in the United States. This does not leave time for employees to go home for lunch.

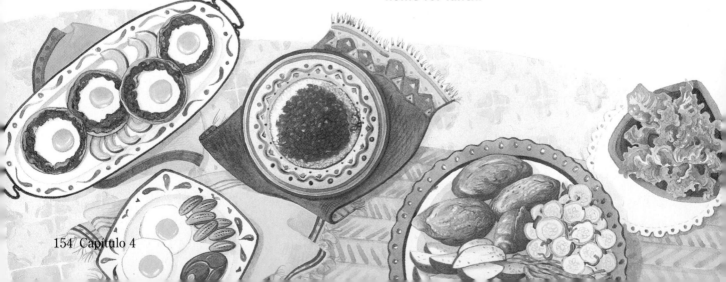

Un desayuno en un hotel de Asunción, Paraguay

La cultura desde tu perspectiva

1 Look at the photos. Are the people eating a breakfast or lunch that you might eat? What are the similarities? What are the differences?

2 Which meal would you like to try? Why?

3 What might be some of the advantages of a big midday meal in a tropical country? How do you think this custom might affect school and work schedules?

4 How would your day change if families in the United States went home to eat between 1 and 3 P.M.?

Un almuerzo familiar en Santiago, Chile

Vocabulario para conversar

¿Tienes hambre?

- As your teacher reads each word, make a thumbs up gesture if you like the food or drink and a thumbs down gesture if you do *not* like it.
- Think of a way to show your partner the feelings of *tener sed* and *tener hambre* and pantomime it.
- As your teacher names each fruit, vegetable, or drink, raise your right hand if you ate or drank it yesterday. Raise your left hand if you rarely eat or drink it.

tener sed

tener hambre

LAS FRUTAS

FRUTAS

VERDURAS

LAS VERDURAS

la manzana

las judías verdes

las zanahorias

la uva

las cebollas

los guisantes

el plátano

la naranja

la lechuga

las papas

LAS BEBIDAS

la limonada

el agua *(f.)**

la leche

el té helado

el té

el café

los refrescos

el jugo de naranja

También necesitas . . .

beber: (yo) bebo	*to drink: I drink*	son	*(they) are*
(tú) bebes	*you drink*	unos, unas	*some*
bueno, -a (para la salud)	*good (for your health)*	¿Cuál(es)?	*Which (ones)?*
malo, -a (para la salud)	*bad (for your health)*		
sabroso, -a	*delicious, tasty*		
Creo que sí.	*I think so.*		
Creo que no.	*I don't think so.*		
algo	*something*		
deber: (yo) debo	*ought to, should*		
(tú) debes			

> **¿Y qué quiere decir… ?**
>
> horrible

---

* *Agua* is a feminine noun. However, we use the article *el* with feminine nouns that begin with stressed *a* or *ha*.

Empecemos a conversar

1 Necesito beber algo.

   A — *Necesito beber algo.*

   B — *¿Te gustaría un refresco?*

Estudiante A   **Estudiante B**

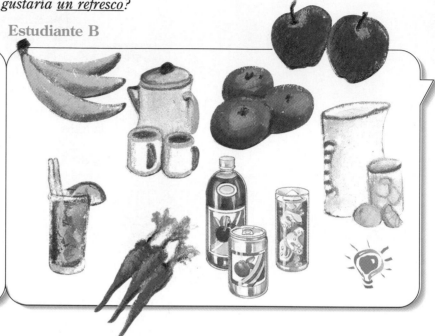

a. Debo beber algo.

b. Tengo hambre.

c. Debo comer algo.

d. Tengo sed.

e. Necesito comer algo.

2

   A — *¿Debo comer fruta todos los días?*

   B — *Creo que sí.*

      o: *Creo que no.*

Estudiante A   **Estudiante B**

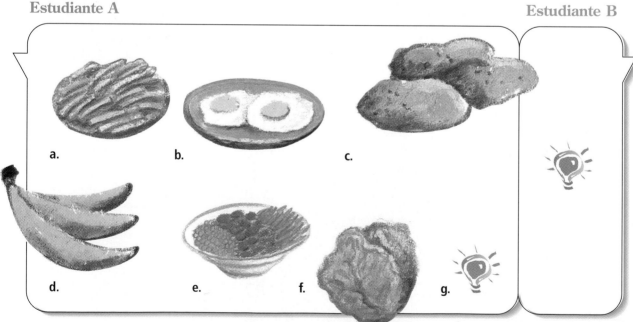

a.

b.

c.

d.

e.

f.

g.

3

A —*Las <u>ensaladas</u> son buenas para la salud, ¿verdad?*
B —<u>*Sí, y también son sabrosas.*</u>

Estudiante A

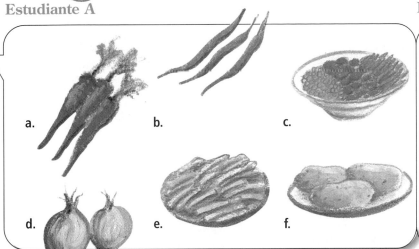

a.

b.

c.

d.

e.

f.

Estudiante B

Creo que sí.

Sí, y también son
sabrosas.

No, creo que no.

No, son malas para
la salud.

Muchachos comiendo melón y uvas
(c. 1650), Bartolomé Esteban Murillo

Empecemos a leer y a escribir

Responde en español.

1 Unos animales hablan de lo que prefieren comer. ¿Quién dice ... ?

a. —A ver ... Me encantan el pan y el agua. Sí, sí. Me gusta
mucho beber agua, y como mucho pan en el parque.

b. —En el desayuno siempre como plátanos. En el almuerzo a
veces como más plátanos. ¿Y en la cena? Pues ... generalmente
también como plátanos. Son muy buenos para la salud, ¿verdad?

c. —Me gusta la leche, pero prefiero comer pescado.

d. —¿Comer huevos? ¡Ay, no! ¿Huevos? ¡Nunca!

e. —Como mucho todos los días. ¡Pero no puedo comer jamón!
¡Nunca voy a comer jamón!

f. —Yo como muchas zanahorias. ¡A mí me encantan las
zanahorias! Me gustaría comer zanahorias en todas las
comidas.

la gallina   el conejo   el cerdo   el pato   el gato

el mono

2 Imagine you are making a dinner menu. Copy the following chart on a sheet of paper.

Primer plato

Plato principal

Verdura

Bebida

Now read the list of dishes and write them in the correct blanks on your chart.

ensalada de lechuga, tomate, zanahoria y cebolla
té helado
pescado
sopa de pollo

3 ¿Qué verduras te gustan? ¿Cuáles no te gustan?

4 ¿Qué bebida prefieres en el desayuno, en el almuerzo y en la cena? ¿Hay bebidas que no te gustan? ¿Cuáles?

El mercado de Almolonga, Guatemala

También se dice

**las bananas
los guineos**

las chinas

la chaucha *(sing.)*
**las habichuelas verdes
los ejotes**

las patatas

**las arvejas
los chícharos**

el zumo de naranja

COMUNIQUEMOS

Here's another opportunity for you and your partner to use the vocabulary you've just learned.

1 You and a friend are having dinner at a restaurant. Take turns asking each other about your food preferences. Discuss at least two preferences.

A — *¿Prefieres papas al horno o papas fritas?*
B — *Prefiero papas fritas, ¿y tú?*
A — *Yo prefiero papas fritas también.*
    o: *Yo prefiero papas al horno.*
    o: *A mí no me gustan ni las papas al horno ni las papas fritas.*

2 Imagine that you and your partner are checking out your refrigerator. Suggest a dish for a meal to your partner. Use the picture to help you decide what foods you already have and what you will need to buy.

A — *¿Quieres unos sandwiches para el almuerzo?*
B — *¿Hay jamón?*
A — *Sí, pero necesitamos pan y queso.*

unos sandwiches	el desayuno
una sopa	el almuerzo
una ensalada	la merienda
una ensalada de frutas	la cena

3 Do you remember all the ways you have learned to express your likes and dislikes? For example: *(A mí) me encanta ___, (A mí) no me gusta ___,* etc. Use these expressions in a conversation with your partner about food. Find two foods that you both like and two that you both dislike.

A — *Me encanta la sopa de pollo.*
B — *A mí también me gusta.*
   o: *¡No me gusta nada la sopa de pollo!*

✔ Ahora lo sabes

Using what you have learned so far, can you:

- **tell what you like and don't like to eat and drink?**

- **say that you are hungry or thirsty?**

- **compare and contrast menus and mealtimes for breakfast and lunch in Spanish-speaking countries and in the United States?**

Conexiones

These activities connect Spanish with what you are learning in other subject areas.

Mapas de productos

Here are product maps of Central America and the southwest United States. Use the information on these maps to make a Venn diagram showing which products grow in both areas or in only one of them.

Which products shown on the map of Central America grow in your area? Which grow in another part of the United States? What can you conclude about a region that has crops similar to those in your area? Can you explain why bananas are found in Central America but not in the southwestern part of the United States?

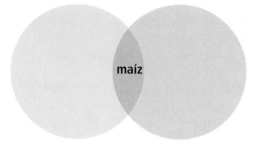

maíz

| América Central | Suroeste de los Estados Unidos |

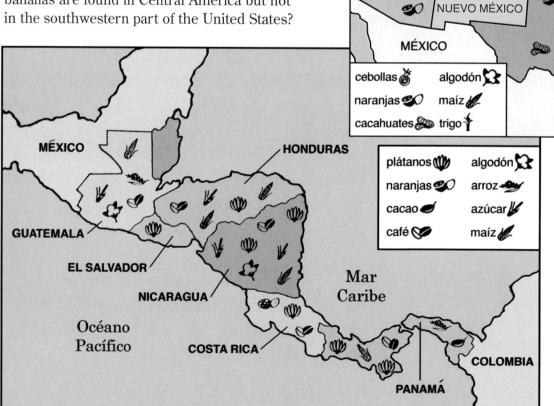

¿Fruta o verdura?

A fruit is the pulp, usually sweet, that surrounds the seed or seeds of a plant. Many fruits grow on trees or vines. A vegetable is a plant that is grown for food. It has little or no woody tissue and generally grows for a single season.

Decide con tu compañero(a) cuáles de éstas son frutas y cuáles son verduras.

- las manzanas
- los tomates
- la lechuga
- los plátanos
- las judías verdes
- las zanahorias

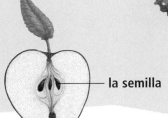

la semilla

Para pensar

Luis, Martín y David comen en la cafetería de la escuela. Uno come una hamburguesa, otro come un sandwich de queso y el otro come una ensalada.

Luis es vegetariano.

A David le gusta comer lechuga.

¿Qué come Luis? ¿Y Martín? ¿Y David?

Gramática en contexto

Look at this ad for imported cheeses. How many of these cheeses look familiar to you? Find the word *queso* and the word *quesos*. What do you think is the difference in their meanings?

¿Te gustan los quesos importados?

¿Sí? Pues, en LA CASA DE LOS QUESOS tenemos quesos sabrosos preparados especialmente para ti. Tenemos quesos franceses, ingleses y suizos. También ofrecemos quesos finos de Holanda, Italia y Grecia. ¿Te gusta el queso americano? Pues, también hay.

En especial esta semana: el queso suizo

A Work with a partner or a group.

- List all the words from the ad that describe cheese when it is written *quesos*.
- Find two words that describe cheese when it is written *queso*.
- Compare the two lists. What differences do you see?
- Make up a rule about the way to change words when they describe more than one item.

B Compare the questions *¿Te gustan los quesos importados?* and *¿Te gusta el queso americano?* Tell your partner if you would use *te gusta* or *te gustan* with *la leche* and with *las papas fritas.*

El plural de los sustantivos

- In Spanish, to make nouns plural, we generally add -s to words ending in a vowel *(comida → comidas)*. We add -es to words ending in a consonant *(sandwich → sandwiches)*.

- The plural definite articles are **los** and **las**. **Los** is used with masculine plural nouns, **las** with feminine plural nouns.

los plátano**s** **las** manzana**s**

- **Los** is also used with a plural noun that includes both males and females.

    el profesor Sánchez y la profesora Romero = **los** profesores

    Which definite article would you use if the word *muchachos* included both boys and girls?

- When we change singular nouns to plural nouns, we want to keep the stress on the same syllable. Sometimes we have to add or remove an accent mark in the plural.

    el ex**a**men   →   los ex**á**menes
    el jam**ó**n   →   los jam**o**nes

- The plural indefinite articles are **unos** and **unas**. They mean "some" or "a few."

    Tengo mucha hambre. Voy a comer **unas** papas fritas y **unos** sandwiches.

- We use *me gust**an*** and *me encant**an*** to talk about a plural noun.

    No me gust**an las** manzana**s** pero me encant**an los** plátano**s**.

¡No olvides!

The singular definite articles are *el* and *la*.

el plátano

la manzana

¡No olvides!

The singular indefinite articles are *un* and *una*.

un sandwich

una papa frita

1 Tell your partner which foods in Column B could go with each expression in Column A.

A	B
a. me gustan	las hamburguesas
b. me gusta	las cebollas
c. me encanta	el pescado
d. me encantan	el jamón
e. no me gustan	los plátanos
f. no me gusta	las frutas
	el jugo de naranja
	las judías verdes

2 Discuss with a partner whether or not you like the following foods.

A —*¿Te gustan los huevos?*
B —*Sí, me gustan.*
   o: *Sí, me encantan.*
   o: *No, no me gustan.*

a.

b.

c.

d.

e.

f.

g.

3 These foods might be served in your school cafeteria this week. Take turns with a partner telling whether you like them or not.

A —*Me gustan las papas al horno.*
B —*A mí también.*
   o: *A mí no.*

A —*No me gustan las papas al horno.*
B —*A mí tampoco.*
   o: *A mí sí.*

a.

b.

c.

d.

e.

f.

4 Now use the pictures in Exercises 2 and 3 to ask if your partner would like to eat those foods. Pick any five.

A —*¿Te gustaría comer unas zanahorias?*
B —*¡Claro que sí! A mí me encantan.*
   o: *No, no tengo hambre. Gracias.*

El plural de los adjetivos

In Spanish, if a noun is plural, the adjective must also be plural. To make adjectives plural, add -s to the final vowel.

La**s** papa**s** frita**s** son sabrosa**s** pero no son buena**s** para la salud.

Lo**s** guisante**s** son bueno**s** para la salud.

Es sabroso.

Son sabroso**s**.

Es sabrosa.

Son sabrosa**s**.

Es horrible.

Son horrible**s**.

- If the adjective ends in a consonant, add -es.

  trabajador → trabajador**es**

- When an adjective describes both masculine and feminine nouns, we use the masculine plural ending.

  Los plátan**os** y **las** naranj**as** son sabros**os**.

5 Tell your partner all the words you might use from the list to describe *las muchachas*.

a. generosas   e. tacaños
b. paciente   f. callado
c. sociables   g. graciosas
d. seria   h. trabajadoras

6 For each of these adjectives, name two famous people or people in your class or school whom the adjective fits. For example: *María y Juan son desordenados*.

artístico, -a	desordenado, -a	serio, -a
atrevido, -a	gracioso, -a	sociable
callado, -a	ordenado, -a	trabajador, -a

Almuerzo al aire libre
en Santiago, Chile

Perspectiva CULTURaL

La merienda y la cena

In Spanish-speaking countries, people often eat a late afternoon light meal called *la merienda*. It may be like a *desayuno* or like an English tea, with sandwiches, pastries, rolls, *café con leche*, tea, or hot chocolate.

In Chile a late afternoon tea is served between 5 and 6 P.M. People drink tea or coffee in very small cups with little sandwiches and pastries. Young people in Argentina often have fruit shakes (*licuados de fruta)* in the afternoon.

La cena is the evening meal. It may start around 7 o'clock or much later, especially in countries that have a late midday meal. In Spain, *la cena* may start as late as 10 or 11 P.M. Most Spaniards enjoy going out after school or work, and it is customary to wait until all the family members are present before sitting down to eat. *La cena* can be a substantial meal or a light meal. It may include leftovers from the midday meal.

La cultura desde tu perspectiva

1   Do you eat something like a *merienda?* When? What do you eat?

2   Which after-school snack is most popular in your class? Take a class survey. Find out how many students eat these foods for snacks at least twice a week. Then make a bar graph showing the results of the survey.

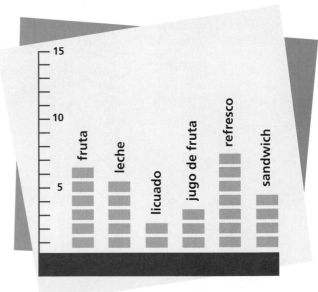

3   What would you tell an exchange student from the Dominican Republic about meals and mealtimes in the United States? Explain the differences that he or she should expect to find.

Una merienda en bote, Xochimilco, México

Licuado de plátano

Ingredientes:

1 plátano
2 vasos de leche
1 cucharadita de
    azúcar
hielo

Preparación:

1. Cortar el plátano.
2. Colocar los ingredientes en la licuadora.
3. Licuar por 5 a 10 segundos.

El Cinco de Mayo en California

Gramática en contexto

Look at this ad for a sensational new food product. What do you think it is? What do you do with it?

Nosotros comemos bien porque siempre tenemos Salsamérica en casa.

Julia y Juana comen bien porque cocinamos bien— con ¡Salsamérica, la salsa sensacional!

Salsamérica está en su supermercado.
Debe estar en su cocina.

A When the parents talk about the whole family, they use the words *comemos*, *tenemos,* and *cocinamos*. In what way are these three words alike? In what way are they different? Explain to your partner when you would use the *-emos* ending and when you would use the *-amos* ending.

B You already know the difference between *habla* and *hablan*. When the parents use the word *comen*, what is the subject of that verb? What subject pronoun could you use instead?

Verbos que terminan en *-er*

You know the pattern of present-tense endings for regular *-ar* verbs. We use the vowel *-a* except in the *yo* form.

HABLAR			
(yo)	habl**o**	(nosotros) (nosotras)	habl**amos**
(tú)	habl**as**	(vosotros) (vosotras)	habl**áis**
(Ud.) (él) (ella)	habl**a**	(Uds.) (ellos) (ellas)	habl**an**

- Another group of infinitives end in *-er.* Some that you know are *beber, comer, leer,* and *deber.* Here are the present-tense forms of the verb *comer*.

COMER			
(yo)	com**o**	(nosotros) (nosotras)	com**emos**
(tú)	com**es**	(vosotros) (vosotras)	com**éis**
(Ud.) (él) (ella)	com**e**	(Uds.) (ellos) (ellas)	com**en**

- How does this pattern differ from that of *-ar* verbs? What clue will help you remember this difference?
- You also know the verb *ver.* It is regular except in the *yo* form, which is *veo.* What would the other forms of *ver* be?

1 Based on the charts on page 175, tell your partner which of the
following forms are from verbs that end in *-ar* and which are from
verbs that end in *-er*.

a. debes   c. hablan   e. come   g. practica
b. leen   d. estudias f. bebemos   h. nado

2 With a partner, take turns asking and answering what the
following people drink at different meals. Some subjects are plural
and some are singular.

A —¿*Qué beben tus amigos en el almuerzo?*
B —*Beben refrescos.*

tus amigos / el almuerzo

a. Julia / el desayuno   b. Raquel y Ramón / el almuerzo   c. Graciela y Juan / la cena

d. Pablo / el desayuno   e. Uds. / la cena   f. tú / el almuerzo

3 These people do not eat certain foods. With your partner, discuss why they should eat them.

Carmen

A — *Carmen no come verduras.*
B — *¡Pero debe comer verduras! Son buenas para la salud.*

a. Arturo y Tomás

b. Ernesto

c. Inés

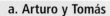

d. nosotros

e. Victoria y Gloria

f. yo

Cipotes en la marcha por la paz (1992), Isaías Mata

Sujetos compuestos

- When you talk **about** yourself and someone else, you really mean "we." Therefore, you should use the *nosotros* form of the verb.

    Alejandro y yo (= nosotros) estudi**amos** por la noche.

    Tú y yo (= nosotros) com**emos** a las doce.

- When speaking **to** more than one person—even if you would speak to each of them as *tú*—use the *ustedes* form of the verb.

    Tú y Tomás (= ustedes) practic**an** deportes.

- When you talk **about** more than one person or thing, use the *ellos / ellas* form of the verb.

    Marta y él (= ellos) beb**en** jugo de uva.

    Marta y ella (= ellas) escuch**an** música.

4 Tell your partner which subject pronoun you could use to replace the underlined people in each sentence. Then read the sentence aloud.

Miguel y Ana cantan bien. = Ellos cantan bien.

a. <u>Susana y yo</u> escuchamos música.   nosotros
b. <u>Juan y Paco</u> patinan en el parque.   nosotras
c. <u>Tú y Graciela</u> comen mucha fruta.   Uds.
d. <u>Rosa y ella</u> deben estudiar.   ellos
e. <u>Juanita y Dolores</u> practican deportes.   ellas
f. <u>Tú y yo</u> bebemos limonada.
g. <u>David y él</u> estudian mucho.

5 With a partner, take turns asking what each of you might do with a friend on Saturdays. Use the verbs in the list below.

A — *Tú y tu amigo(a) leen libros los sábados, ¿no?*
B — *Sí, leemos libros.*
   o: *No, no leemos libros. Patinamos.*

a. ayudar en casa
b. beber café
c. cocinar
d. comer sandwiches
e. escuchar música

f. estudiar
g. nadar
h. leer libros
i. patinar
j. ver la tele

6 Look at this game of tic-tac-toe. Working with a partner, find the row of plural subjects that use the verb *comemos*. Trace the row with your finger.

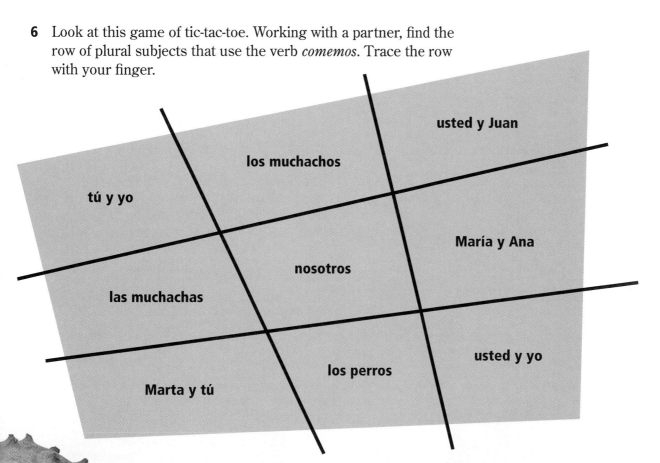

usted y Juan

los muchachos

tú y yo

María y Ana

nosotros

las muchachas

usted y yo

los perros

Marta y tú

Now, with your partner, make your own tic-tac-toe game for another verb form. Then trade games with another pair, and see if you can find the winning row.

TODO JUNTO

Here's an opportunity for you to put together what you learned in this chapter with what you learned earlier.

1 ¿Qué comemos?

You and your partner are at the food court at the mall and are trying to decide what to eat for lunch.

• Ask your partner what foods he or she prefers to eat.
• Tell what you prefer to eat.
• Agree with your partner's suggestions.
  or
  Disagree and tell what *you* prefer to eat.

Keep your conversation going as long as you can. For example:

• Tell *why* you like or don't like to eat these foods.
• Tell *when* you like to eat them.

2 Menús especiales

Your class has been asked to plan some special menus in Spanish for the cafeteria. In groups, choose one of these menus, and plan a main dish, a beverage, and a dessert.

• menú vegetariano
• menú para deportistas
• menú para niños (*children*)

Then, with your group, make a sign announcing the menu. Draw or find pictures to illustrate it. Choose a member of your group to present the sign to the class.

¡Hoy menú especial!

Menú para deportistas
Para tener mucha energía

espaguetis
con salsa de tomate
con jamón y guisantes

3 ## Lotería de comida

With your teacher's help, first make a playing board. Then, take some paper squares and you're ready to play!

- When the caller names a food that he or she likes, cover that space with a paper square.

  STUDENT CALLER: *Me gusta el pescado.*

  Cover your picture of fish if you have one on your board.

- When the caller names a food that he or she does *not* like, you do nothing.

  STUDENT CALLER: *No me gusta el pescado.*

  Don't cover your picture of fish, even if you have one on your board.

- Call out "Lotería" when you have covered three spaces in a row horizontally, vertically, or diagonally. You'll be the winner. *¡Buena suerte!*

- The winner must correctly read back the names of the foods that the caller likes. For example:

  Te gusta el pescado. Te gustan las papas fritas. Te gustan las manzanas.

Para decir más

Here is some additional vocabulary that you might find useful for activities in this section.

la pizza
pizza

el perro caliente
hot dog

el tofu
tofu

el yogur
yogurt

el helado
ice cream

la galleta
cookie

el pastel
cake

✔ Ahora lo sabes

Using what you have learned so far, can you:

- **tell what you and your family members eat and drink for dinner?**

- **tell what you like or don't like to eat and drink and why?**

- **describe two foods or drinks?**

- **compare and contrast times and menus for dinner and snacks in Spanish-speaking countries and in the United States?**

¡Vamos a leer!

Antes de leer

STRATEGIES Using prior knowledge

Using the title and illustrations

Read the title and look at the pictures. What do they tell you about the reading selection? Try to predict what information the selection contains.

Mira la lectura

STRATEGY Using cognates

Read the selection quickly. Don't try to understand every word. Was your prediction based on the title and pictures correct?

Now look at the pictures again. Working with a group, find the words in the paragraph that name the things in the picture.

Look for cognates. With your group, make a list of as many as you can find.

EL CHOCOLATE

En el siglo XV los conquistadores llegan a América. Allí descubren muchos productos nuevos para la comida española y europea. El cacao es uno de los más importantes. Los aztecas usan el cacao para hacer la bebida *tchocolatl* (palabra azteca).

Los aztecas preparan el *tchocolatl* con cacao, maíz y varios tipos de chiles. Es una bebida muy fuerte que los indios beben en sus ceremonias religiosas. Pero el *tchocolatl* azteca es muy diferente del chocolate que bebemos hoy.

En Europa, el *tchocolatl* se transforma en una bebida más líquida y más dulce. En los siglos XVI y XVII el chocolate es una de las bebidas más populares de Europa. Hoy, el chocolate caliente se hace con chocolate en polvo, azúcar y agua o leche. En España, hay chocolaterías, donde sirven chocolate casi exclusivamente.

Infórmate

STRATEGIES ➤ **Using the illustrations**

Using cognates

Now read the selection using the illustrations and cognates to help you.

1 How did the Aztecs prepare their *tchocolatl*? When did they drink it?

2 How did chocolate change when it was introduced into Europe?

Aplicación

1 Take a survey after school to find five people who like hot chocolate. Ask students of Spanish or other people who speak Spanish. Use the question *¿Te gusta el chocolate?* Write down their names, then report back to your teacher.

2 In your local grocery, find the names of at least three hot chocolate mixes. Choose one of the mixes and list the ingredients. What ingredients have been added since chocolate was introduced to Europe? Why do you think these ingredients were added?

3 Ask three family members or friends if they know where the word *chocolate* came from. Explain it to them if they don't know.

¡Vamos a escribir!

Imagine that you could have anything you wanted for a special birthday meal. What foods that you have learned would you choose? Afterward you will write a paragraph about such a meal.

1 First, think about the different courses of your meal and what you are going to drink. Copy the following chart on a sheet of paper and fill in the dishes you have chosen.

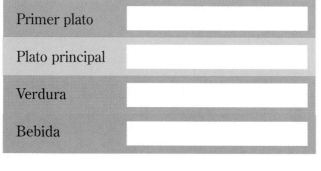

Primer plato	
Plato principal	
Verdura	
Bebida	

2 Now use your chart to help you write a first draft. The following expressions may be helpful to you as you write.

mi comida favorita
me gusta(n)/me encanta(n)
prefiero
voy a comer
sabroso(a)
primero, segundo

Show your draft to a partner. Listen to his or her suggestions for changes, and decide whether you agree.

3 Make a clean copy of your paragraph. Copy edit it using the following checklist:

- spelling
- capital letters
- punctuation
- adjective endings, for example:
  Las naranjas son buenas para la salud.

4 To share your work, make a collage or poster that shows the meal you have written about. Display all the artwork together and all the paragraphs together. Try to match the paragraphs to the collages and posters.

You might include your work in your student portfolio.

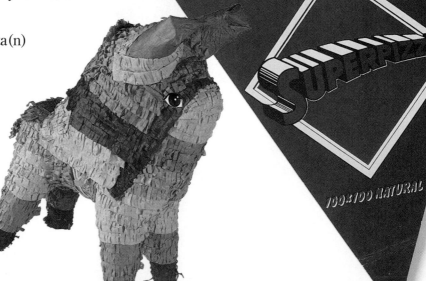

Resumen del capítulo 4

¡Eres un genio!

Use the vocabulary from this chapter to help you:

- **tell what you like and don't like to eat and drink**
- **give reasons for your food and drink preferences**
- **say whether you are hungry or thirsty**

to indicate hunger or thirst
tener hambre
tener sed

to describe meals
beber: (yo) bebo
     (tú) bebes
comer: (yo) como
     (tú) comes
el almuerzo
la cena
la comida
el desayuno
la merienda
en el desayuno / en el
  almuerzo / en la cena

to talk about foods
el arroz
el bistec
el cereal
la ensalada
las frutas
  la manzana
  la naranja
  el plátano
  la uva
la hamburguesa
el huevo
el jamón
el pan
el pan tostado
la papa
las papas al horno

las papas fritas
el pescado
el pollo
el queso
el sandwich (de jamón y queso)
la sopa
  la sopa de pollo
  la sopa de tomate
  la sopa de verduras
las verduras
  la cebolla
  los guisantes
  las judías verdes
  la lechuga
  el tomate
  la zanahoria

to talk about drinks
las bebidas
  el agua *(f.)*
  el café
  el jugo de naranja
  la leche
  la limonada
  el refresco
  el té
  el té helado

to describe foods
bueno, -a (para la salud)
horrible
malo, -a (para la salud)
sabroso, -a

to express likes or preferences
más o menos
me encanta(n)
preferir: (yo) prefiero
     (tú) prefieres

to express an opinion
Creo que sí.
Creo que no.
¡Qué asco!

to elicit agreement
¿verdad?

to refer to obligation
deber: (yo) debo
     (tú) debes

to indicate frequency
nunca
siempre

to refer to something you cannot name
algo

to request precise information
¿Cuál(es)?

other useful words
son
unos, unas

Capítulo 5

¿Cómo es tu familia?

OBJECTIVES

At the end of this chapter,
you will be able to:

- describe family members and friends

- ask and tell what someone's age is

- tell what other people like and
  do not like to do

- explain how last names are formed
  in Spanish-speaking countries

Mural en San Francisco

¡**P**iénsalo bien!

Look at the photos and compare the families to your own. How many people are in your family? Which family members do you think make up a family? Do you consider your grandparents, uncles, aunts, and cousins as your "family" or are they just "relatives"? Do you all get together sometimes?

"Somos de Guatemala y todos los miembros de mi familia trabajan juntos."

"Me llamo Juan Pablo y soy de México. Aquí estoy con mi familia para celebrar el cumpleaños de mi abuelo. Tiene 67 años."

Who do you think the *abuelo* is? Why do you think so?

Otavalo, Ecuador

"A mis hermanitos les gusta mucho el algodón de azúcar. Son gemelos y tienen quince meses. Soy la hija mayor. Tengo trece años."

Vocabulario para conversar

¿Cómo se llama tu hermano?

- Look at the family tree. Put your thumb on the picture of Raquel. As your teacher names each family member *(la abuela de Raquel),* stretch your forefinger to touch that person's picture.
- When your teacher reads the age of one of the people, put your finger on the appropriate picture.
- Imagine that you are *yo* in the family tree. As your teacher describes a family relationship, such as *la hermana de tu padre,* point to the person who fits that description.

mis abuelos

mi abuelo
Andrés, 75 años

mi abuela
Juana, 70 años

mis padres   **mis tíos***

mi madre
Dolores, 39 años

mi padre
Felipe, 42 años

mi tía
Guadalupe, 48 años

mi tío
Juan Carlos, 46 años

mis hermanos*

mis primos

mi hermana
Carolina, 17 años

mi hermano
Marcos, 10 años

yo
Raquel, 13 años

mi primo
Jaime, 14 años

mi prima
Ana, 16 años

* *Tíos* can mean either "uncles" or "uncle(s) and aunt(s)."
  Hermanos can mean either "brothers" or "brother(s) and sister(s)."

60 sesenta
sesenta y uno . . .

61

70 setenta

71 setenta y uno . . .

80 ochenta

81 ochenta y uno . . .

90 noventa

91 noventa y uno . . .

100 cien

¡No olvides!

Solo, -a = alone:
Generalmente voy al parque solo(a).

Sólo = only: *María sólo va al parque.*

También necesitas . . .

el hijo / la hija	*son / daughter*
el hijo único / la hija única	*only child*
¿Cómo se llama?	*What is his / her name?*
Se llama ___.	*His / her name is ___ .*
¿Cómo se llaman?	*What are their names?*
Se llaman ___.	*Their name(s) is (are) ___ .*
el nombre	*name*
¿Cuántos años tiene ___?	*How old is ___?*
Tiene ___ años.	*He / she is ___ years old.*
su	*his, her*
de	*of*
sólo	*only*

¿Y qué quiere decir . . . ?
los hijos
(A él / ella) le gusta(n) ___.
(A él / ella) le encanta(n) ___.

Empecemos a conversar

With a partner, take turns being *Estudiante A* and *Estudiante B*.
Use the words that are cued or given in the boxes to replace
the underlined words in the example. means you can make
your own choices. When it is your turn to be *Estudiante B*, try to
answer truthfully.

1   la hermana   A —*¿Cómo se llama <u>la hermana</u> de Raquel?*
B —*Se llama <u>Carolina</u>.*

Estudiante A   Estudiante B

a. el hermano   d. el abuelo

b. el tío   e. el primo   g.

c. la tía   f. la prima

¡No olvides!

Use *el* with a masculine
noun and *la* with a
feminine noun.

2   Marcos   A —*¿Cuántos años tiene <u>Marcos</u>?*
B —*Tiene <u>diez</u> años.*

Estudiante A   Estudiante B

a. Jaime

b. la madre de Ana

c. la hija de Juan Carlos

d. el hijo de Guadalupe   g.

e. el padre de Raquel

f. el hermano de Carolina

Andrés, 75 años   Juana, 70 años

Dolores, 39 años   Felipe, 42 años   Guadalupe, 48 años   Juan Carlos, 46 años

Carolina, 17 años   Marcos, 10 años   Raquel, 13 años   Jaime, 14 años   Ana, 16 años

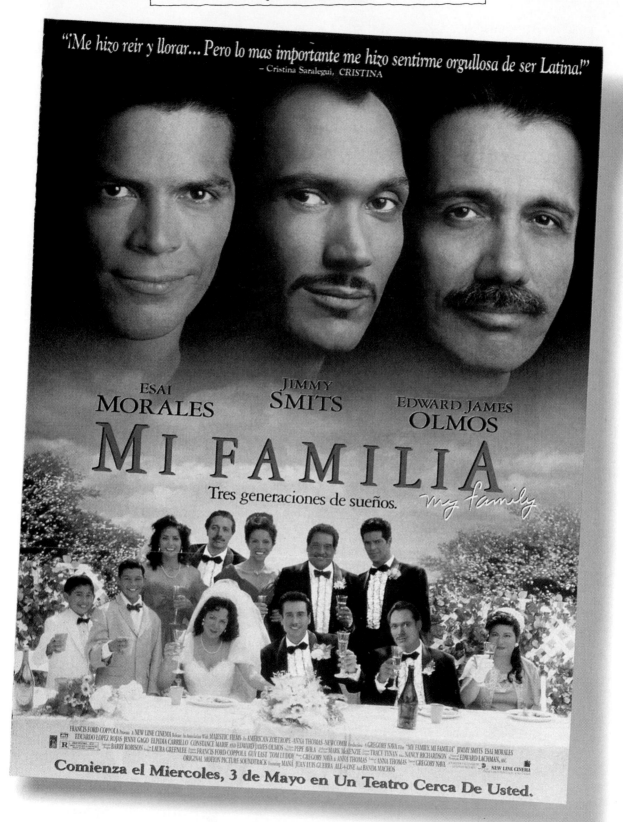

In Exercises 3 and 4, ask each other about your own family members, or make up families to talk about.

3 A — *¿Tienes <u>hermanos</u>?*
   B — *Sí, tengo <u>un hermano y una hermana</u>.*
      o: *No, no tengo hermanos. Soy hijo(a) único(a).*

   A — *¿Cómo se llama(n)?*
   B — *<u>Mi hermano se llama Julio y mi hermana se llama Marta</u>.*

Estudiante A   **Estudiante B**

4 A — *¿Qué <u>le</u> gusta hacer a <u>tu primo</u>?*
   B — *<u>Le gusta jugar videojuegos</u>.*
      o: *Le encanta jugar videojuegos.*

Estudiante A   **Estudiante B**

5 A — *¿Qué <u>les</u> gusta hacer a <u>tus tíos</u>?*
   B — *<u>Les gusta jugar tenis</u>.*
      o: *Les encanta jugar tenis.*

Estudiante A   **Estudiante B**

Empecemos a leer y a escribir

Responde en español.

1 On a sheet of paper, complete each sentence with the correct word.

   a. El hijo de mis padres es mi ___ .

   b. Los padres de mi madre son mis ___ .

   c. El hermano de mi prima es mi ___ .

   d. Las hermanas de mi madre son mis ___ .

   e. La madre de mi padre es mi ___ .

   f. La hija de mi tía es mi ___ .

2 Look at the photograph and read the names and descriptions of the people. Imagine that these are members of your family. Make a family tree showing how you fit in, then write a brief paragraph describing your relationship to at least three of the people.

   a. Nora (32), madre

   b. Ernesto (34), padre

   c. María Teresa Saavedras de Hernández (65), abuela

   d. Jesús Hernández (69), abuelo

   e. Leonardo (4), hijo

   f. Úrsula María (6), hija

Guadalajara, 1996
ochento aniversario
de boda de
Ernesto Hernández Girón
y
Nora Salazar de Hernández

3 Mention at least three interests you share with another family member. For example:

A mi hermana le gusta practicar deportes. A mí también.

4 ¿Hay un hijo único en tu familia? ¿Quién es?

5 ¿Tienes primos? ¿Cómo se llaman? ¿Cuántos años tienen?

También se dice

la mamá   el papá

"Aquí ves el Palacio de Cristal, uno de mis lugares favoritos en El Retiro."

Perspectiva CULTURAL

Mira los nombres del bebé y de sus padres en el Acta de nacimiento. ¿En qué son similares a tu nombre y a los nombres de tus amigos(as)? ¿En qué son diferentes?

~~~

Which names on the birth certificate do you think are surnames? (Your last name is your surname.) Here are some of the main differences between the system used for naming people in the United States and the one used in Spanish-speaking countries.

In Spanish-speaking countries, a person's full name consists of a first name *(nombre)* followed by two surnames—the father's surname *(apellido paterno)* and then the mother's surname *(apellido materno)*. For example, in the case of this baby, Mariela is her *nombre*, Cohen is her *apellido paterno*, and Shade is her *apellido materno*.

A person's full name is used on all official documents: birth certificates, school records, passports, and identification cards. However, if you met Mariela at a party, she would probably introduce herself as just Mariela Cohen. In some cases, though, it is important to know both last names. For example, a phone book could include several people with the same first and last names. The only way to tell them apart is by looking at their *apellidos maternos*.

La cultura desde tu perspectiva

1 Imagine that Carolina Rodríguez Garza and Julio Bernal Ávalos got married and had twins, a boy and a girl. Think of a name for each, and write out their full names.

2 Using the naming method described, tell what your full name would be. What are some ways this naming method might be helpful?

Madre campesina (1929), David Alfaro Siqueiros

"L" No. 344503

REGISTRO CIVIL

ACTA DE NACIMIENTO

DGAF-uncv-09
265-III-93

No. 29089

RC-6

ESTADOS UNIDOS MEXICANOS

DEPARTAMENTO
DEL
DISTRITO FEDERAL

	ENTIDAD	DELEGACION	JUZGADO	ACTA	AÑO			CURP				
							09	015	09 93	04420	8	

	ENTIDAD	DELEGACION	JUZGADO	ACTA	AÑO	CLASE	FECHA DE REGISTRO		
	09	06	OC	04420	1993	NA	DIA	MES	AÑO

REGISTRADO

NOMBRE — MARIELA CELIA COHEN SHADE

FECHA DE NACIMIENTO — 19 DE MARZO DE 1993

	DIA	MES	AÑO
	19	10	93

LUGAR DE NACIMIENTO — OBSERVATORIO, ALVARO OBREGON, MEXICO, D. F.

FUE PRESENTADO: VIVO [X] MUERTO [ ]

COMPARECIO: EL PADRE [ ] LA MADRE [ ]

SEXO: AMBOS [X]

MASCULINO [ ] FEMENINO [X]

EL PROPIO REGISTRADO [ ] PERSONA DISTINTA [ ]

HORA 19:45

PADRES

NOMBRE DEL PADRE — JULIO CESAR COHEN ARAMBURU

NACIONALIDAD — ARGENTINA OCUPACION ARTISTA

NOMBRE DE LA MADRE — ISABEL SHADE JIMENEZ

NACIONALIDAD — MEXICANA OCUPACION EDUCADORA

DOMICILIO(S) — AV. CARDENAS 226-B-4, INDEPENDENCIA, CUAJIMALPA, D.F.

EDAD 50 AÑOS

EDAD 35 AÑOS

ABUELOS

ABUELO PATERNO — RAMON COHEN

NACIONALIDAD — ARGENTINA

ABUELA PATERNA — ANA ELISA ARAMBURU

NACIONALIDAD — ARGENTINA

DOMICILIO(S) — AV. CARDENAS 226-B-4, INDEPENDENCIA, CUAJIMALPA, D.F..

ABUELO MATERNO — PHILIP SHADE

NACIONALIDAD — INGLES

ABUELA MATERNA — CELIA JIMENEZ

NACIONALIDAD — MEXICANA

DOMICILIO(S) — SIERRA VERDE 172-B, PALOS ALTOS, MEXICO, D.F.

TESTIGOS

NOMBRE — REMEDIOS PADILLA RAMIREZ

NACIONALIDAD — MEXICANA

DOMICILIO — CIUDADELA 143, MOLPAN, MEXICO, D.F.

NOMBRE — ELENA URIEL SIERRA

NACIONALIDAD — MEXICANA

DOMICILIO — MIRAFLORES 321, LOMAS, CUAUHTEMOC, D.F.

EDAD 22 AÑOS

EDAD 29 AÑOS

EL COMPARECIENTE PRESENTO FORMA F. M. 2 CON NUMERO 348340, CON LA CUAL ACREDITA SU LEGAL ESTANCIA EN EL PAIS.-

Huella Digital del Registrado

Se dio por terminado el acto y firman la presente, para constancia, los que en ella intervinieron y saben hacerlo y los que no, imprimen su huella digital. Se cierra el acta que se autoriza. Doy fe.

El Juez CENTRAL del Registro Civil LIC. FERNANDO GONZALEZ SALGADO

ESTA ACTA SE RELACIONA CON LOS FOLIOS DE ANOTACIONES QUE SE SEÑALAN, SIN LOS CUALES ESTA INCOMPLETA:

No.

No.

FECHA

1. JUZGADO FECHA

FIRMA

FIRMA

FIRMA

ES COPIA FIEL DE SU ORIGINAL QUE EXPIDO EN LA CIUDAD DE MEXICO A LOS 23 DIAS DEL MES DE NOVIEMBRE DE MIL NOVECIENTOS NOVENTA Y TRES. JUEZ CENTRAL DEL REGISTRO CIVIL DE LA CIUDAD DE MEXICO. LIC. FERNANDO GONZALEZ SALGADO.

Vocabulario para conversar

¿Cómo es tu abuelo?

- As your teacher reads each description, put your finger on the corresponding person or animal.
- As your teacher reads each eye or hair color, raise your hand if it matches yours.
- As your teacher reads each description, make a thumbs up gesture if the description fits you and a thumbs down gesture if it does not.

el pelo negro

el muchacho
Jorge

alto

la muchacha
Rebeca

baja

Luz y Luisa

las gemelas

grande

pequeño

el perro

También necesitas . . .

mayor, *pl.* mayores	*older*
menor, *pl.* menores	*younger*
guapo, -a	*handsome, good-looking*
cariñoso, -a	*affectionate, loving*
simpático, -a	*nice, friendly*
tiene	*he / she has*
todos, -as (*pl.*)	*everyone*
(no . . .) nadie	*nobody*
que	*that, who*
¿Quiénes?*	*Who?*

¿Y qué quiere decir . . . ?
la persona
antipático, -a
atractivo, -a
inteligente

el pelo rubio

el pelo castaño

la mujer
Pilar

el hombre
Luis

pelirrojos

los gemelos
Daniel y David

joven
José Luis

el pelo canoso

viejo
Agustín

bonito

feo

el gato

los ojos verdes

los ojos azules

los ojos grises

los ojos negros

los ojos marrones

*We usually use ¿Quiénes? instead of ¿Quién? if we know or expect that the answer will be more than one person.

Empecemos a conversar

1

Pablo y Pedro

Adela

¡No olvides!

To make an adjective plural, add -*s* if it ends in a vowel and -*es* if it ends in a consonant:
inteligente → *inteligentes*
menor → *menores*

Bandido

Muñeca

Evangelina

Verónica y Mónica

Santiago

Tomás

Nico

Tigre

Alicia

Estudiante A

Estudiante B

a. ¿Cómo se llaman los gemelos?

b. ¿Cómo se llama el hombre joven?

c. ¿Y cómo se llama la mujer vieja?

d. ¿Quiénes tienen ojos azules?¿Cómo se llaman?

e. ¿Quién tiene pelo canoso? ¿Y pelo castaño?

f. ¿Quiénes tienen pelo rubio?

g. ¿Quién tiene ojos marrones?

h. ¿Cómo es Bandido? Y Muñeca, ¿cómo es?

i ¿Es grande o pequeño Tigre? Y Nico, ¿cómo es?

j. ¿Cómo es Alicia?

2 ojos negros   A — *En la clase, ¿quiénes <u>tienen ojos negros</u>?*
B — *<u>María y Luis</u>.*
    o: *Nadie (tiene ojos negros).*

Estudiante A   **Estudiante B**

a. ojos verdes
b. ojos marrones
c. pelo castaño   f.
d. pelo rubio
e. pelo canoso

3 gemelos(as)   A — *¿Hay <u>gemelas</u> en la clase?*
B — *<u>Sí</u>, <u>Clara y Claudia</u>.*
    o: *No, no hay.*

Estudiante A   **Estudiante B**

a. personas
   rubias   c.
b. personas
   pelirrojas

¡No olvides!

You have already seen
hay in the expression
¿Cuántos(as) ___ *hay?*

In Exercise 4, ask your partner about five family members or pets,
real or imaginary.

4 A — *¿Cómo es tu <u>hermano mayor</u>?*
B — *<u>Es alto</u>, <u>inteligente y simpático</u>. <u>Es pelirrojo y tiene ojos verdes</u>.*
    o: *No tengo hermanos.*

Estudiante A   **Estudiante B**

Empecemos a leer y a escribir

Responde en español.

1 Elena wrote this letter to introduce herself to a cousin she had never met. On a separate piece of paper, write *sí* or *no* in response to the statements about the letter.

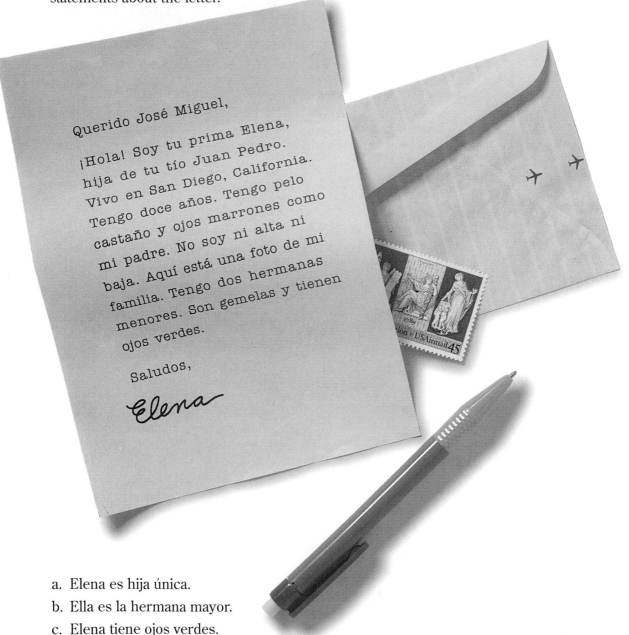

Querido José Miguel,

¡Hola! Soy tu prima Elena, hija de tu tío Juan Pedro. Vivo en San Diego, California. Tengo doce años. Tengo pelo castaño y ojos marrones como mi padre. No soy ni alta ni baja. Aquí está una foto de mi familia. Tengo dos hermanas menores. Son gemelas y tienen ojos verdes.

Saludos,

Elena

a. Elena es hija única.

b. Ella es la hermana mayor.

c. Elena tiene ojos verdes.

2 Imagine that you are one of Elena's cousins and that you have a brother and sister. Reread Elena's letter, then answer it giving similar information about yourself and your brother and sister.

3 Describe a un(a) compañero(a). Menciona su edad, color de pelo, color de ojos y dos características personales.

4 Ahora describe a una persona famosa que admiras: *La persona que admiro se llama ...*

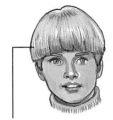

güero, -a

los ojos de color café

colorín, colorina

Una familia mexicana

COMUNIQUEMOS

Here's another opportunity for you and your partner to use the vocabulary you've just learned.

1 These pictures of the football team are for the school yearbook. Before you can write the captions, you must identify the people in the pictures. Call the coach for help. Take turns with your partner playing the roles of the yearbook writer (A) and the coach (B).

A — *¿Cómo es Raja Patel?*
B — *Tiene ojos negros y pelo negro.*
A — *¡Ah! Raja es el número sesenta y tres.*

Raja Patel

a. George King	b. Juan Enríquez	c. John Green

d. Hal Jensen	e. Sean Morrow	f. Felipe del Castillo	g. Matt Brown

2 Describe either the cat or the dog to your partner. To make sure your partner is listening, make two or three false statements. Your partner will correct you. Then your partner will describe the other animal to you. For example:

Se llama...   (No) es...   (No) le gusta...   Tiene...

Chispa

Michi

3 Help your partner fill in a chart like this one by telling about a real or imagined relative. Your partner will report to the class:

El primo de Juana se llama Mark. Tiene...

	Nombre	Edad	Color de pelo	Color de ojos	Característica personal
Primo	Mark	12	castaño	azules	alto

✔ Ahora lo sabes

Using what you have learned so far, can you:

- **tell who and how old the members of your family are?**

- **tell what they like and don't like to do?**

- **describe the members of your family?**

Conexiones

These activities connect Spanish with what you are learning in other subject areas.

Carlos IV y su familia (1800), Francisco de Goya

Las familias en el arte

Look at these paintings. Pick one to describe to a partner in Spanish. Your partner will put his or her finger on the appropriate family member. Then think about what the artist is trying to tell you about the people in the painting. Describe the personality of at least two members of the family in the painting you chose.

Sandía / Watermelon (1986), Carmen Lomas Garza

¿De qué color son tus ojos?

Prepara una tabla en una hoja de papel. En la primera columna escribe una lista de los colores de ojos y de pelo. Observa a diez compañeros. En la segunda columna, indica cuántos(as) tienen los ojos y el pelo de cada color *(each color)*.

	Número
ojos azules	I
ojos marrones	II

	Número
pelirrojo	I
pelo rubio	II

¿Qué color de ojos es el más común en la tabla? ¿Qué color de pelo? Compara tu tabla con las tablas de dos o tres compañeros(as). ¿Son similares o diferentes los resultados? ¿Cómo se explican los resultados? Habla con tu profesor(a) de ciencias para más información.

Vocales y consonantes

Look at this class list from a school in a Spanish-speaking country. Are there more vowels or more consonants in the list? In a group, estimate the percentage of vowels and consonants. Then calculate the exact number. Make a pie chart to show the percentage of vowels compared to consonants.

Bermúdez Bischoff, Mario
Camacho Sánchez, Luisa
Colón Vega, Javier
De Diego D'Amico, Francisco J.
Del Valle Olmo, Lis Anette
Franco Weissman, Carolina
González Matos, Claudia
Hernández Cáceres, Anelys
Juliá Savarit, Ana Rita
Lázaro Collazo, Lionel E.
Lázaro Martínez, Laura M.
León García, Rosalinda
Liberatore Gallardo, Katia

Martínez Colón, Ángel
Mendoza Rosich, Arístides
Nieves Sánchez, Juan Carlos
O'Reilly Martínez, Ofelia
Pérez Colón, Marisol
Pérez Pérez, Rafael
Quiñones Rodríguez, José A.
Ramos Junqueva, Martín
Rigaud Colón, Pilar
Ríos Marini, Viviana
Ríos Ortiz, Michelle
Ríos Ortiz, Marta
Schumacher Saavedras, Rebeca

vocales

consonantes

Now repeat this activity for *your* class list. Estimate first, then calculate and make a pie chart. Compare the two pie charts. What hypothesis can you make about the number of vowels and consonants in Spanish names compared with the names of your classmates?

Gramática en contexto

This is a page from a Mexican magazine article about TV star Sara Sánchez. What kind of information would you expect to find in the captions?

Sarita es muy seria y trabajadora. A veces es graciosa y perezosa, dice la madre de Sara, la señora María Sánchez.

Sara Sánchez, estrella de telenovelas mexicanas: Me gusta la comida de mi mamá. Sus enchiladas son deliciosas.

Tiene 24 años y hoy está en la casa de su madre: Me gusta estar aquí con mi mamá. Somos madre e hija, pero también somos muy buenas amigas.

A Sara's age is one fact that is given. Look at the verb in the expression that tells her age. Make a rule for expressing age in Spanish.

B How does Sara's mother describe her daughter? What verb form does she use?

C Look at the caption in which Sara describes her relationship with her mother. What verb form does she use? Explain to a partner how you recognize this as a *nosotros(as)* verb form. What do you think it means?

El verbo *tener*

The verb *tener*, "to have," follows the pattern of other *-er* verbs. However, most of the forms of *tener* are irregular. Here are all of its present-tense forms.

(yo)	**tengo**	(nosotros) (nosotras)	**tenemos**
(tú)	**tienes**	(vosotros) (vosotras)	**tenéis**
(Ud.) (él) (ella)	**tiene**	(Uds.) (ellos) (ellas)	**tienen**

- You have already seen some of these verb forms. In what ways is *tener* irregular?

1 Based on the chart, tell which form of the verb *tener* you would use:

   a. to talk about what one person has
   b. to talk about what more than one person has
   c. to talk about what you have
   d. to talk about what you and a friend have
   e. to tell what a friend of yours has

¡No olvides!

Remember that *tener* is sometimes used where in English we use a form of the verb "to be": *tener sed / hambre / años.*

Una familia en La Paz, Bolivia

211

2 A class is getting ready to start a project. Several students have gathered the supplies they need. Find out who has them and how many they have.

libros
    A — *¿Quién tiene los libros?*
    B — *Víctor.*
    A — *¿Cuántos libros tiene?*
    B — *Tiene cuatro.*

3 Find out the ages of four students in your class. Then ask about the number of aunts and uncles and brothers and sisters they have. On a sheet of paper, copy the grid below. As you ask students the questions, write their names and the information you receive. While talking to them, notice their eye and hair color and write this information in the appropriate columns.

A — *¿Cuántos años tienes, David?*
B — *Tengo 13 años.*
A — *¿Cuántos tíos tienes?*
B — *Tengo nueve tíos.*
    o: *No tengo tíos.*

Nombre	Edad	Ojos	Pelo	Tíos	Hermanos
David	13	azules	rubio	9 tíos 3 tías	1 hermana mayor
Isabel					

4 Using the information from Exercise 3, compare yourself with at least three classmates. Write as many statements as you can about similarities or differences in age, appearance, and number of aunts and uncles and brothers and sisters. Then report to the class.

David y yo tenemos 13 años. Tenemos el pelo rubio. Tenemos una hermana mayor, pero yo tengo también dos hermanos menores.
o: Él tiene 13 años, pero yo tengo sólo 12 años. Etc.

El verbo *ser*

The verb *ser*, "to be," is also an irregular verb. We use *ser* with adjectives to tell what someone or something is like.

- You already know some forms of *ser*. Here are all of its present-tense forms.

(yo)	**soy**	(nosotros) (nosotras)	**somos**
(tú)	**eres**	(vosotros) (vosotras)	**sois**
(Ud.) (él) (ella)	**es**	(Uds.) (ellos) (ellas)	**son**

5 Which of the sentences in Column B could be used to describe the people in Column A? Look for verb and adjective clues. Some of the sentences in Column B can be used more than once.

A	**B**
Arturo	Es inteligente.
Clara	Somos simpáticos.
Yo	Son altos.
Clara, Arturo y yo	Soy amable.
Tú	Eres prudente.
Uds.	
Arturo y Clara	

6 In each of these groups, two people are alike in some way and the third is different. Describe their similarities and differences.

Luisa es artística, pero
Ana y yo somos deportistas.

Luisa / Ana y yo

a. **Alicia y María / Felipe**

b. **José / Miguel y tú**

c. **Laura y Rita / Jaime**

d. **Pablo y yo / Mateo**

e. **Duque y Manchi / Rex**

f. **Turquesa y Condesa / Barrabás**

g. **Marcos y Miguel / tú**

7 Think of three pairs of famous people who are alike in at least one way. Find out if your partner can tell you how they are alike. You may want to use the list of adjectives to help you.

A — *¿Cómo son Gloria Estefan y Madonna?*
B — *Son bonitas.*

alto, -a	atrevido, -a	feo, -a	joven	simpático, -a
amable	bajo, -a	generoso, -a	ordenado, -a	sociable
antipático, -a	bonito, -a	gracioso, -a	pelirrojo, -a	tacaño, -a
artístico, -a	cariñoso, -a	guapo, -a	perezoso, -a	trabajador, -a
atractivo, -a	desordenado, -a	inteligente	serio, -a	viejo, -a

8 Now ask your partner in what way you and a classmate are alike or different. Repeat with two other classmates.

A — *¿Cómo somos Roberto y yo?*
B — *Uds. son trabajadores.*
  o: *Él es trabajador, pero tú eres perezoso.*

"Muchas veces voy al parque los fines de semana. Aquí estoy con mi familia en Chapultepec."

Perspectiva CULTURAL

Look at the names of the three family members. What was the mother's name before her marriage? What is the father's surname?

When a woman marries, she may

- keep her full name unchanged; for example, Rebeca Romero Salinas
- add *de* and her husband's surname; for example, Rebeca Romero Salinas de García

- add *de* and her husband's surname and drop her *apellido materno;* for example, Rebeca Romero de García

You would address her as Sra. Romero de García or Sra. García. But she would never be addressed as Sra. José Luis García.

Una familia mexicana en el parque

madre: Rebeca Romero Salinas de García

hija: Nicole García Romero

padre: José Luis García Mendoza

Una boda tradicional de bombero en Costa Rica

La cultura desde tu perspectiva

1 Think of a married woman you know, and explain what her name might be if she lived in a Spanish-speaking country.

2 Name one advantage of the naming system in Spanish-speaking countries.

Una boda en Xochimilco, México

Gramática en contexto

Look at these pages from a Mexican music magazine. Vidal is a member of a popular singing group.

La casa de Vidal

A Vidal le encanta su casa. Es su lugar favorito.
La casa está decorada en blanco y azul, sus colores favoritos.

A Find the words in the photo caption that mean the same as *la casa de Vidal*.

B Vidal has two favorite colors. If he had only one, the caption would talk about *color favorito*. What else in the phrase *sus colores favoritos* would change?

C You already know how to talk about something that belongs to you (*mi libro*). How would you refer to a book that belonged to the person <u>to whom</u> you were speaking? How about a book that belonged to someone <u>about whom</u> you were speaking?

Los adjetivos posesivos

To tell what belongs to someone or to show relationships, we use
de + noun. For example:

Tengo el cuaderno **de** Felipe.
La hermana **de** María es amable.

• Another way to tell what belongs to someone and to show relationships
is to use possessive adjectives. You already know some of them.

mi hermano	**mis** hermanos
tu abuela	**tus** abuelas
su hijo	**sus** hijos

• The possessive adjective must be singular if the noun is singular
and plural if the noun is plural.

Mi prima es alta.   Mi**s** prima**s** son alta**s**.

1 Match the following questions and answers.

¿Cómo es el amigo de Mónica?   Mi amigo es simpático.

¿Cómo es tu amigo?   Sus amigos son simpáticos.

¿Cómo son los amigos de Mónica?   Su amigo es simpático.

En Cuernavaca, México

2 Using the family tree on page 193, make three true and three false statements about Raquel's family. Your partner will look at the family tree and respond *sí* if the statement is correct. If it is incorrect, your partner will respond *no* and correct it.

A —*La hermana de Raquel tiene 17 años.*
B —*Sí, su hermana tiene 17 años.*
A —*Los primos de Raquel se llaman Jaime y Luz.*
B —*No, sus primos se llaman Jaime y Ana.*

3 With your partner, take turns telling about three of your family members.

Mi abuela Rosa tiene 67 años. Mis tíos se llaman Jorge y Cecilia. Tienen dos hijos que se llaman Roberto y Ramón. Mi tía Cecilia es pelirroja y tiene ojos verdes. Etc.

Form a group with another pair. Each of you will report what you have learned about your partner's family.

La abuela de Roberto . . . Sus tíos . . .

Esta familia vive en las montañas de Guatemala.

TODO JUNTO

Para decir más

Here is some additional vocabulary that you might find useful for activities in this section.

el esposo, la esposa
husband, wife

el nieto, la nieta
grandson, granddaughter

el pariente, la parienta
relative

el padrino
godfather

la madrina
godmother

crespo, -a
curly (hair)

lacio, -a
straight (hair)

largo, -a
long (hair)

corto, -a
short (hair)

Here's an opportunity for you to put together what you learned in this chapter with what you learned earlier.

1 Escudo de armas

Create a poster-sized family coat of arms based on the characteristics and hobbies of your family. For example, you might include a basketball to stand for a brother or sister who really loves that sport. Use drawings and pictures cut from magazines.

Then present your coat of arms to a group, and explain the meaning of the symbols. For example:

Mi hermana juega básquetbol todos los días.
A mi madre le gusta cocinar.
A mí me encantan los videojuegos.

2 ¿Quién es?

Bring to class a picture of a person cut from a magazine. Write a description of the person on a separate piece of paper. Then work with a partner.

- Read your description aloud. (Do not show your partner the picture.)
- Your partner will draw the person you are describing.
- Compare the drawing to the picture.

Then form groups and mix all your group's pictures, drawings, and written descriptions. Exchange them with those of another group, and try to match all three pieces: the pictures, the drawings, and the written descriptions.

3 La familia ideal

Do you prefer a small family or a large one? Create an ideal family from pictures you cut from magazines. (You can include pets and as many family members as you want.) Paste or tape the pictures to heavy paper. Write descriptions under the pictures. Include:

- relationships *(madre, hijo,* etc.)
- ages
- personal descriptions and personality characteristics
- favorite pastimes

Present your ideal family to a group.

✔ Ahora lo sabes

Using what you have learned so far, can you:

- **tell what someone has?**
- **ask and tell how old someone is?**
- **describe someone?**
- **tell what belongs to someone?**

¡Vamos a leer!

Antes de leer

STRATEGY ➤ **Using prior knowledge**

When might you receive a certificate? Working with a partner, choose the occasions from this list. (There is more than one answer.)

a. when you are born
b. when you enter middle school
c. when you win a prize in a school contest
d. when you graduate
e. when you have done something special

Mira la lectura

STRATEGY ➤ **Skimming**

Read this certificate quickly just to find out what holiday it might be for.

Por votación unánime
de toda la familia, se otorga el presente
Certificado de Excelencia
a _____ (¡ésa eres tú, Mamá!)
Porque eres muy cariñosa, paciente,
amable, generosa y trabajadora.
Por eso, en el Día de las Madres, año _____ ,
te nombramos
la Mejor Madre del Mundo.

_____
firma

What occasion do you think this certificate is for?

Infórmate

STRATEGY ➤ **Using context to get meaning**

1 Read the certificate carefully. Make a list of words you don't know. Work with a partner to figure them out. Use what you know about certificates and holidays to help you. If you are having trouble, take this quiz to help you.

1. En una **votación unánime**, ¿quiénes votan sí?
   a. Todos votan sí.
   b. Muchos votan sí.
   c. Nadie vota sí.

2. ¿Quién **otorga** los diplomas en una graduación?
   a. Un(a) estudiante.
   b. Un(a) profesor(a).
   c. El director/la directora de la escuela.

3. ¿Quiénes **nombran** al presidente del club de español?
   a. Los profesores de español.
   b. Los padres de los estudiantes.
   c. Los miembros del club.

4. Estoy enfermo. **Por eso** ___ .
   a. estudio mucho.
   b. practico deportes después de las clases.
   c. no puedo ir a la escuela.

2 Which of these responses do you think the person who receives this certificate might give?

a. Muchas gracias.
b. ¿Cuántos años tienes?
c. Tengo que ayudar en casa.
d. ¡Qué lástima!

Aplicación

1 Tell a partner three new words you learned from this reading.

2 Design and write a *Certificado de Excelencia* for a family member or for the principal, a teacher, or a student.

¡Vamos a escribir!

Mother's Day is an important holiday in Latin America. In Puerto Rico it falls on the same day as in the United States, the second Sunday in May. In Mexico, it is on May 10; in Argentina, on the third Sunday in October. Make a Mother's Day card in Spanish.

Mamá,
hoy es un día
especial para ti
y para mí.

Hablo
de una
Madre
especial

A Mi Querida Mamá

1 Choose the person you want to send the card to. It may be your mother, your grandmother, or any older female relative or friend.

Read the covers of the sample cards. How would you complete those thoughts? Think of other ideas for the wording of your message. Use the ideas in the *Certificado de Excelencia* from *¡Vamos a leer!* to help you.

2 Fold a piece of paper like a card. Write the draft of your message, and sketch the illustration.

You may want to use some of these expressions.

dar las gracias *to thank*
un beso *a kiss*
un abrazo *a hug*
con todo mi corazón *with all my heart*
¡Feliz Día de las Madres! *Happy Mother's Day!*

Show your card to a partner. Listen to his or her suggestions for changes, and decide whether you agree.

3 Fold another piece of paper, and make a clean copy of your card. Copy edit it using the following checklist:

- spelling
- capital letters
- punctuation
- correct use of the verbs *tener* and *ser*
- correct use of possessive adjectives

Complete the illustration for your card. It may be a photo, a picture cut from a magazine, a drawing, or anything you like.

4 Send your card to the person you chose.

Resumen del capítulo 5

Use the vocabulary from this chapter to help you:

- describe family members and friends
- ask and tell what someone's age is
- tell what other people like and do not like to do

¡Qué inteligente eres!

to refer to family members
los abuelos: el abuelo
           la abuela
los hermanos: el hermano
            la hermana
los hijos: el hijo
       la hija
los padres: el padre
        la madre
los primos: el primo
        la prima
los tíos: el tío
      la tía
el hijo único, la hija única
los gemelos, las gemelas

to ask and tell what someone's name is
¿Cómo se llama(n) ___?
Se llama(n) ___.
el nombre

to ask and tell how old someone is
¿Cuántos años tiene ___?
Tiene ___ años.
sesenta (sesenta y uno . . .)
setenta (setenta y uno . . .)
ochenta (ochenta y uno . . .)
noventa (noventa y uno . . .)
cien

to refer to people
el hombre
el muchacho, la muchacha
la mujer
la persona
que
¿Quiénes?

to describe people, animals, and things
alto, -a
antipático, -a
atractivo, -a
bajo, -a
bonito, -a
cariñoso, -a
feo, -a
grande
guapo, -a
inteligente
joven
mayor, *pl.* mayores
menor, *pl.* menores
pequeño, -a
simpático, -a
viejo, -a
ser + *adjective*
el pelo: canoso
         castaño
         negro
         rubio
pelirrojo, -a

los ojos: azules
         grises
         marrones
         negros
         verdes

to name animals
el gato
el perro

to show possession
de
su, sus
tener

to tell what someone likes
(A + *person*) le gusta(n) ___.
(A + *person*) le encanta(n) ___.

to indicate number
(no . . .) nadie
sólo
todos, -as

to refer to animals and things
que

Capítulo 6

¿Qué desea Ud.?

OBJECTIVES

At the end of this chapter, you will be able to:

- describe the color, fit, and price of clothes

- ask about and buy clothes

- tell where and when you bought clothes and how much you paid for them

- compare where people shop for clothes in Spanish-speaking countries and in the United States

Tres generaciones llevan ropa tradicional, Guatemala

229

¡Piénsalo bien!

Look at the photographs. How do the stores in these pictures compare with those that you are familiar with?

Una estatua de San Francisco está en el centro del mercado de El Parián, Puebla, México.

"Me encanta ir de compras en un mercado tradicional. ¡Cuántas gangas hay!"

Mar del Plata, Argentina

"Aquí está una barrita que tiene mi nombre."

Centro comercial en Zaragoza, España

"Yo prefiero los centros comerciales, donde hay muchas tiendas diferentes."

Vocabulario para conversar

¿Cuánto cuesta la camisa?

- As your teacher reads the name of an article of clothing, point to that item if you are wearing it.
- As your teacher reads the name of each color, hold up or point to something that is that color.
- Your teacher will read the name of an article of clothing together with the name of a color. If you are wearing that article of clothing in that color, stand up.

La ropa

la chaqueta — $101

la camisa — $18

el vestido — $45

la blusa — $16

la sudadera — $14

el suéter — $27

los jeans — $23

los pantalones — $21

la camiseta — $7

$30

la falda

$3

las pantimedias

los zapatos — $65

el calcetín, *pl*. los calcetines — $3

los tenis — $30

los pantalones cortos — $12

* The number 100, *cien*, becomes *ciento* when followed by another number: *cien dólares*, but *ciento un dólares*.

Los colores

morado, -a

negro, -a

blanco, -a*

verde

rojo, -a

anaranjado, -a

amarillo, -a

rosado, -a

marrón,
pl. marrones

azul, *pl.* azules

gris,
pl. grises

También necesitas...

¿Cómo te queda(n)?	*How does it (do they) fit you?*	los, las	*them*
		¿Cuánto?	*How much?*
Me queda(n) bien.	*It fits (They fit) me well.*	costar: cuesta(n)	*to cost: it costs (they cost)*
¿De qué color?	*What color?*	¿Qué desea (Ud.)?	*May I help you?*
buscar	*to look for*	joven	*young man, young woman*
comprar	*to buy*		
llevar	*to wear*		
para mí	*for me, to me*		
para ti	*for you, to you*		
este, esta	*this*		
ese, esa	*that*		
lo, la	*it*		

> **¿Y qué quiere decir . . . ?**
> el dólar
> corto, -a
> perdón

* When you talk about colors without a noun, use the masculine definite article:
Me gusta el rojo. No me gusta el anaranjado.

Empecemos a conversar

With a partner, take turns being *Estudiante A* and *Estudiante B.*
Use the words that are cued or given in the boxes to replace
the underlined words in the example. 💡 means you can
make your own choices. When it is your turn to be *Estudiante B,*
try to answer truthfully.

1 A —*Perdón, ¿cuánto cuesta <u>la camisa</u>?*
   B —*Cuesta <u>veintidós</u> dólares.*

Estudiante A   **Estudiante B**

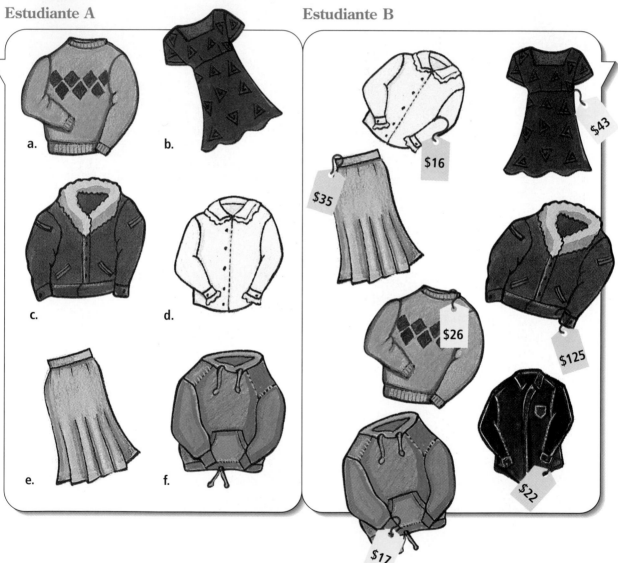

a.   b.

c.   d.

e.   f.

2   A — *Perdón, ¿cuánto cuestan <u>los zapatos</u>?*

B — *Cuestan <u>sesenta</u> dólares.*

Estudiante A

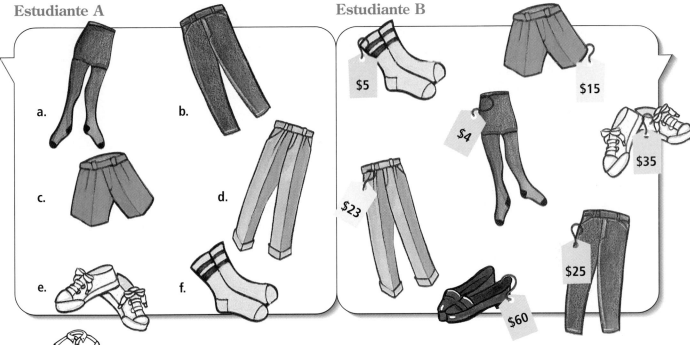

a.

b.

c.

d.

e.

f.

Estudiante B

$5

$15

$4

$35

$23

$25

$60

3   A — *¿Qué desea, señor (señora / joven / señorita)? ¿<u>Una camisa</u>?*

B — *Sí, busco <u>una camisa azul</u> para mí y <u>una camisa rosada</u> para mi hermana.*

Estudiante A

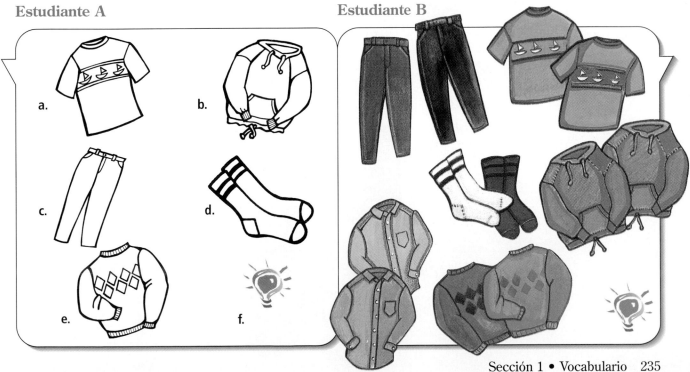

a.

b.

c.

d.

e.

f.

Estudiante B

4

A — *Me encanta esa <u>sudadera</u> azul. ¿La tiene en amarillo?*

B — *¿Esta <u>sudadera</u>? Sí, aquí la tiene.*
  o: No, no la tenemos en amarillo.

Estudiante A　　　　　　　　　　　**Estudiante B**

No insista. No los vendemos por separado. Lo sentimos. Aquí no puede escoger muslo o pechuga. Aquí, o se lleva la parejita, o no hacemos nada. Por más diferentes que le parezcan o aunque prefiera mil veces el izquierdo al derecho, los **Twins** no se venden por separado. Y porque, fíjese, así juntitos, da gloria de verlos. A cuál más bonito. ¿Lo toma o lo deja?

5

A — *¿Cómo te quedan los jeans?*
B — *Me quedan bien. Los compro.*
　　　o: *No me quedan bien. Son muy grandes (pequeños).*

Estudiante A　　　　　**Estudiante B**

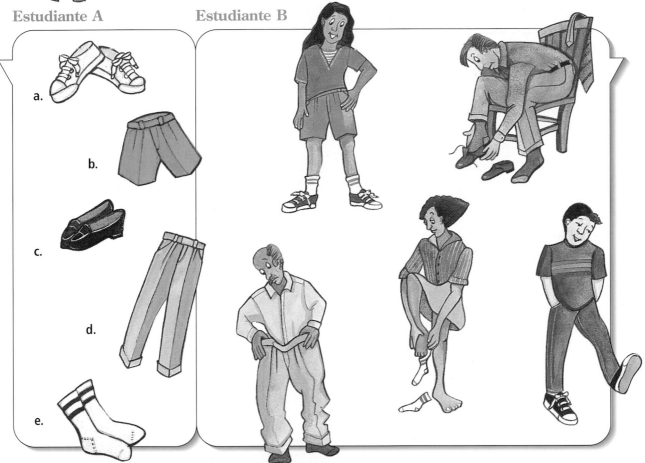

a.

b.

c.

d.

e.

Estos jóvenes españoles
buscan tenis nuevos.

Empecemos a leer y a escribir

Responde en español.

1 Two of these catalogue captions have errors. Find them and write the corrected sentences on a sheet of paper.

a.

Él lleva jeans, una camisa azul y tenis blancos. Ella lleva una falda corta, un suéter grande amarillo y unos zapatos negros.

b.

¿Por qué no? Combina jeans con un suéter gris y unos zapatos marrones. Él lleva jeans, un suéter rojo y verde y una chaqueta grande.

c.

En la casa él lleva jeans, una camiseta blanca y una camisa roja. Ella está muy elegante en sus pantalones negros, blusa azul y chaqueta rosada.

2 Choose three of the following articles of clothing and say which colors you prefer for each one.

Prefiero las chaquetas negras.

- las chaquetas
- los tenis
- los calcetines
- las sudaderas
- los jeans
- los pantalones cortos

3 ¿Qué ropa vas a llevar mañana? ¿De qué color es?

4 ¿Qué colores te gustan más? ¿Hay colores que no te gustan nada? ¿Cuáles son?

También se dice

el jersey
la chompa

el pantalón vaquero
los vaqueros

la pollera

la remera
la franela
la playera

la chamarra
la campera

el short

las medias

las zapatillas (deportivas)

de color café
moreno, -a
pardo, -a

Perspectiva CULTURAL

Hay muchos tipos de tiendas y de centros comerciales en las grandes ciudades de Hispanoamérica.

Although the concept of the shopping mall originated in the United States, many countries have adopted the idea and have sometimes improved on it by creating indoor shopping centers of great beauty.

Young people in Spanish-speaking countries like to window-shop at malls, just as you probably do. There is a wide variety of clothing available in the stores because people everywhere like to be up to date in what they wear.

In Spanish-speaking countries, there are also tailors and dressmakers who make clothing at affordable prices. Instead of renting a tuxedo or buying a beautiful dress in a store, a young person may wear custom-made formal clothing to a wedding or other special event.

Una zapatería en Caracas, Venezuela

Cerca de San Sebastián, España

Centro comercial en Buenos Aires

La cultura desde tu perspectiva

1 Do you think you would be able to find your favorite brands of clothing in the stores pictured? Why or why not?

2 When might young people in Latin America wear something that was made especially for them? If a visiting Latin American teen asked you why you didn't have a special outfit made for a party, how would you explain?

Vocabulario para conversar

¿Cuánto pagaste por el suéter?

- As your teacher names each article of clothing, point to the picture of the store in which you would most likely buy it.
- As your teacher says how much he or she paid for a certain item, make a thumbs up sign if you think it is the truth and a thumbs down sign if you think it is a joke.
- As your teacher tells you where he or she bought a certain item, make a thumbs up sign if this is a logical place to purchase it and a thumbs down sign if it is not.

el almacén

la tienda de ropa

También necesitas...

la ganga	*bargain*	pagar:	*to pay:*
barato, -a	*inexpensive*	(yo) pagué	*I paid*
caro, -a	*expensive*	(tú) pagaste	*you paid*
nuevo, -a	*new*	por	*for*
¡Qué + *adjective!*	*How ___!*	estos, estas	*these*
comprar:	*to buy:*	esos, esas	*those*
(yo) compré	*I bought*	otro, -a	*another, other*
(tú) compraste	*you bought*	hace + (dos semanas)	*(two weeks) ago*
		por aquí	*around here*

la zapatería

¡MUCHAS GANGAS!

la tienda de descuentos

¿Por qué pagar mucho?

Empecemos a conversar

1

A — ¿Dónde compraste esos <u>zapatos</u> nuevos?
B — Los compré en <u>el centro comercial</u>.

Estudiante A

a.

b.

c.

d.

e.

Estudiante B

¡MUCHAS GANGAS!

2

A — ¿Cuánto pagaste por <u>la chaqueta</u>?
B — Pagué <u>doce</u> dólares.
A — ¡Qué <u>barata (cara)</u>!

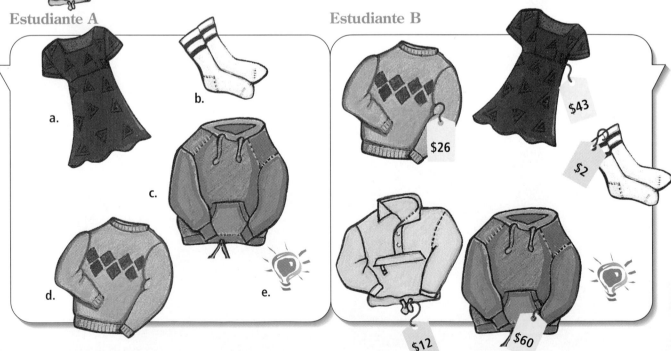

Estudiante A

a.

b.

c.

d.

e.

Estudiante B

$26

$43

$2

$12

$60

3

A — *Estos <u>pantalones cortos</u> son caros, ¿verdad?*

B — *Sí, para mí son muy caros. ¿Hay <u>otro almacén</u> por aquí?*

Estudiante A

a.

b.

c.

d.

e.

Estudiante B

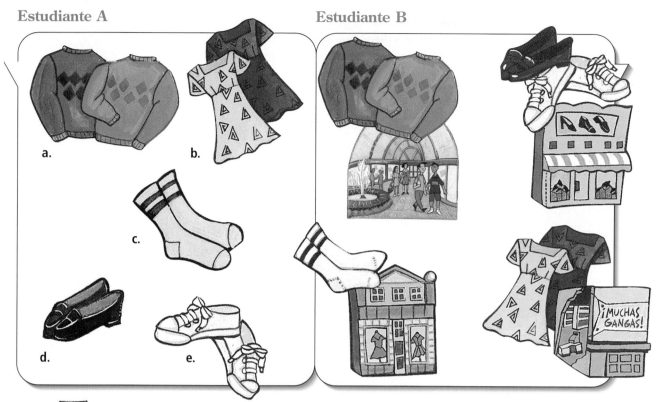

¡MUCHAS GANGAS!

4

A — *Esa <u>falda</u> es muy bonita. ¿Es nueva?*

B — *Sí. La compré <u>hace dos días</u>.*

    o: *No, es vieja. La compré hace un año.*

Estudiante A

Estudiante B

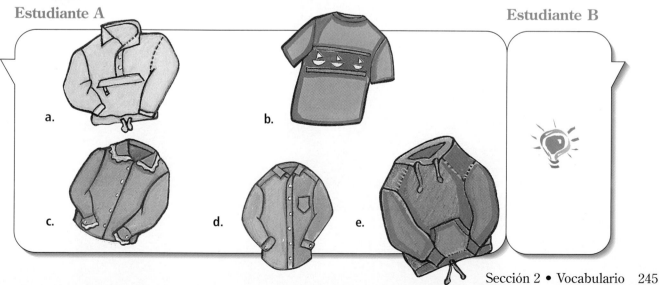

a.

b.

c.

d.

e.

Empecemos a leer y a escribir

Responde en español.

1 Four people are discussing their clothing likes and dislikes.
Read these excerpts from their discussion. Then match the
quotations with the speakers. (Two speakers will be left over.)

a. Me gusta la ropa conservadora. Llevo camisa blanca y
pantalones grises a la escuela.

b. Me encanta la ropa atrevida. Siempre llevo ropa de color negro.
A mis padres no les gusta mi ropa.

c. A mí me gustan todos los colores. ¡Mira! Hoy llevo pantalones
rojos con una camisa amarilla y anaranjada.

d. En el verano siempre llevo pantalones cortos y camisetas.
Mis amigos y yo sólo necesitamos ropa para practicar deportes.

2 List your three favorite items of clothing. Include their color and say how they fit you.

3 ¿Dónde puedes comprar . . .

- zapatos para la escuela?
- ropa para una fiesta?
- chaquetas para el invierno?

4 Cuando vas de compras, ¿buscas gangas o no? ¿Por qué?

5 ¿Compraste algo esta semana? ¿Qué compraste? ¿Qué compraste hace un mes? ¿Y hace dos o tres meses? Describe uno de los artículos que compraste.

COMUNIQUEMOS

Here's another opportunity for you and your partner to use the vocabulary you've just learned.

1 Find out what your partner wears to at least four different places.

A — *¿Qué ropa llevas cuando vas al gimnasio?*
B — *Generalmente llevo . . .*
    o: *Nunca voy al gimnasio.*

¡No olvides!

a + el = al

2 Find out how much your partner paid for at least five of his or her school supplies.

    A — *¿Cuánto pagaste por el diccionario?*
    B — *Pagué cinco dólares, más o menos.*

3 You want to buy something special to wear this summer. You have a budget of $75. Decide on three items you would like and what colors they should be. Your partner will estimate how much each item costs and tell you the total. Can you buy what you want?

    A — *Me gustaría comprar unos pantalones grises.*
    B — *Cuestan $25.*
    A — *También debo comprar (quiero/necesito)...*

✔ Ahora lo sabes

Using what you have learned so far, can you:

- **describe the clothes you wear?**

- **ask and tell how much something costs?**

- **tell where you bought something and how much you paid for it?**

Conexiones

These activities connect Spanish with what you are learning in other subject areas.

Argentina

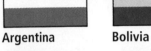

Bolivia

Chile

Colombia

Costa Rica

Cuba

Ecuador

El Salvador

España

Guatemala

Honduras

México

Nicaragua

Panamá

Paraguay

Perú

Puerto Rico

República Dominicana

Uruguay

Venezuela

Los colores de las banderas

These are flags of the Spanish-speaking countries. Estimate which color is the most frequently used. Estimate which color is the least used. Work with a partner. Count to 5 slowly while your partner studies the flags. Your partner will write down his or her guesses. Then switch roles.

Working with your partner, tally the number of times the colors are used. Use a chart like this one.

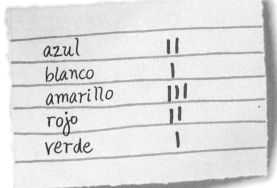

Make a bar graph showing the result of your tally.

Check your original estimates against the information shown in the graph.

¡Qué ganga!

For what holiday do you think this ad was planned? What day of the week do you think it appeared in the newspaper? Now work with a partner to answer these questions about the ad.

a. Si unos calcetines cuestan $2.50 el domingo, ¿cuánto van a costar el lunes?

b. Si una camisa cuesta $12 el martes, ¿cuánto va a costar el miércoles?

c. Si el precio normal de unos pantalones es $34, ¿cuánto van a costar en liquidación (*on sale*)?

¿Qué llevan?

David, Martín, Mónica y Susana llevan ropa nueva. Uno de ellos lleva unos tenis nuevos, otro lleva unos jeans nuevos, otro una camiseta nueva y otro una chaqueta nueva.

Mónica: Mi tienda favorita es la zapatería.
David: A mí me gustan sólo los pantalones cortos.
Martín: ¡Qué ganga! Pagué sólo tres dólares.

¿Qué ropa nueva lleva cada uno?

Gramática en contexto

Here is a clothing store ad. What is the name of the store? What are the advantages of shopping for clothes here?

¿Por qué esta tienda y no otra?

Porque nadie quiere pagar precios altos cuando en

JOVEN DE HOY

puede comprar esta ropa a precios mucho más bajos.

La ropa que llevan todos los jóvenes está en...

JOVEN DE HOY

Calle Colón 356

lunes a sábado, 9:00-18:00

Ropa de hoy para el joven de hoy a un precio razonable.

¡Este mes hay gangas extraordinarias!

A The ad says *un precio razonable* and *gangas extraordinarias*. What are the nouns in these expressions? What are the adjectives? Where do the adjectives come in relation to the nouns? Is this like English? Explain your answer to a partner.

B You know that *este* and *esta* mean "this." Find these words in the ad. Are the nouns they are used with masculine or feminine? Explain to a partner how to decide whether to use *este* or *esta*. Give your own example for each.

La posición de los adjetivos

In Spanish, adjectives usually come after the noun they describe.

Me gusta **la camisa blanca**. = *I like **the white shirt**.*

Tenemos **un perro grande y feo**. = *We have **a large, ugly dog**.*

In English, where do adjectives usually come?

1 In the following four sentences, use your finger to tap each adjective and to circle the noun it describes.

a. Prefiero las faldas azules.
b. No me gusta el vestido blanco.
c. La chaqueta amarilla me queda bien.
d. Pagué $20 por este suéter verde.

2 You and your partner are shopping. Look at the items pictured and tell your partner which ones you like. Your partner will respond with his or her choices.

A —*Me gusta la camisa azul.*
B —*A mí también.*
　　o: *A mí no. Prefiero una camisa verde.*

o:

A —*No me gusta la camisa azul.*
B —*A mí tampoco.*
　　o: *A mí sí.*

 a.

 b.

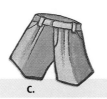 c.

 d.

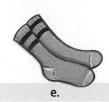 e.

 f.

 g.

 h.

¡No olvides!

Adjectives agree in number (singular / plural) and gender (masculine / feminine) with the nouns they describe: *una chaqueta negra, un vestido rojo.*

3 Take turns with your partner playing the roles of a salesperson and a customer. The salesperson should find out what item the customer is looking for and for whom. The items can be for yourself or a person of your choice. You decide the color you want.

A — *¿Qué desea, joven (señor / señora / señorita)?*
B — *Busco unos pantalones cortos grises.*
A — *¿Para Ud.?*
B — *Sí, para mí.*
  o: *No, para . . .*

a.

b.

c.

d.

e.

f.

g.

h.

En Guatemala

Los adjetivos demostrativos

We use demonstrative adjectives to point out people and things. Just as in English, they come before the noun. Like all adjectives in Spanish, they have the same gender and number as the nouns that follow them.

SINGULAR	PLURAL
este vestido *(**this** dress)*	**estos** vestidos *(**these** dresses)*
esta blusa *(**this** blouse)*	**estas** blusas *(**these** blouses)*
ese suéter *(**that** sweater)*	**esos** suéteres *(**those** sweaters)*
esa sudadera *(**that** sweatshirt)*	**esas** sudaderas *(**those** sweatshirts)*

4 With which words in this list would you use the demonstrative adjectives *este* and *ese?* With which words would you use *estos* and *esos? Esta* and *esa? Estas* and *esas?*

a. blusas   e. zapatos   i. ganga
b. pantalones cortos   f. vestido   j. sudaderas
c. tienda   g. suéteres   k. calcetín
d. ropa   h. camisas   l. pantimedias

5 While shopping with a friend, you pick up and look at several items. Find out if your partner likes them.

A —*¿Te gusta esta sudadera rosada?*
B —*Sí, me gusta mucho.*
   o: *No, no me gusta nada.*

¡No olvides!

Me gusta esta sudadera.

Me gustan estas sudaderas.

a.

b.

c.

d.

e.

f.

6 You are at a family party at a friend's house and you want to know who the guests are. Find out from your partner their names and ages.

A —¿*Cómo se llama esa mujer alta y pelirroja?*
B —*Alicia.*
A —¿*Cuántos años tiene?*
B —*Veintiocho.*

Alicia, 28

Luisito, 9

Marisol, 13

Ramón, 35

etc. etc. etc.

etc. etc. etc.

María y Marta, 16

Pablo y Pedro, 14

Rosa, 75

7 Get together in small groups. Each person should put at least two of his or her school supplies in a pile. Take turns holding up items and trying to find out to whom each one belongs.

A —¿*De quién es esta carpeta? ¿Es de (nombre)?*
B —*Sí, esa carpeta es de Miguel.*
   o: *No, esa carpeta no es de Miguel.*

Una línea de zapatos inimitable, incluso hoy en día hechos a mano.

Zapatos de Tennis según Superga.

(lino, algodón, cuero)

Fabricante desde 1911.

España: Tels. (93) 4 (00394/4 (00394.

SUPERGA

Perspectiva CULTURAL

When we see pictures of people in foreign countries, they are often wearing colorful clothing that may seem unusual to us. Sometimes it is their everyday wear. Sometimes it is special-occasion clothing. Sometimes it is a costume. How can you tell?

One way is to look at what the people are doing. If they are at their job, doing housework, or just relaxing, their clothing probably is everyday wear. On the other hand, if they are attending a wedding or a religious celebration, they are probably wearing special-occasion clothing. If they are performing for an audience, the clothing is likely to be a costume.

In family groups, another clue is the pose. If it is a formal pose, the people are probably wearing special-occasion clothing. If it is an informal pose, the clothing is more likely to be everyday wear.

Mujeres y muchachas lavan ropa en Chajul, Quiché, Guatemala.

El Ballet Folklórico de México

La cultura desde tu perspectiva

1 Work with a partner to categorize the clothing that the people in the photos are wearing as (a) everyday wear, (b) special-occasion clothing, or (c) costumes.

2 Now look at these photos taken in the United States. How might someone who has never been to the United States misinterpret them? How does your answer help explain why we sometimes misinterpret the clothing worn by people in other countries?

Gramática en contexto

Read these riddles from a children's book.

En un momento dos veces,
en un minuto una vez
y en cien años no la ves.

Lleva chaqueta blanca,
y todos los días
con gusto lo como.

A The answer to the first riddle is a letter (*una letra*) of the alphabet. Which one do you think it is? In the third line, what do you think *la* refers to?

B The answer to the second riddle is something you eat. What do you think it is? In the third line, what do you think *lo* refers to? With a partner, decide on a rule about when to refer to something as *lo* or *la*.

El complemento directo: Los pronombres

A direct object tells who or what receives the action of the verb.

Quiero **esa falda.**	*Esa falda* tells what I want.
Compré **los zapatos.**	*Los zapatos* tells what I bought.

To avoid repeating a direct object noun, we often replace it with a direct object pronoun ("it" or "them").

— ¿Cuándo compraste **la falda?**
— **La** compré hace dos días.

— Isabel, ¿tienes **mi suéter?**
— No, no **lo** tengo. Creo que Manolo **lo** tiene.

Which direct object pronoun replaces *la falda?* Which replaces *mi suéter?*

SINGULAR		PLURAL	
lo	*it* (masculine)	**los**	*them* (masculine)
la	*it* (feminine)	**las**	*them* (feminine)

- The direct object pronoun usually comes right before the verb. If the verb is negative, the pronoun comes between *no* and the verb.

  — ¿Compras **esos pantalones?**
  — Sí, **los** compro.
     o: No, no **los** compro.

- When we have a verb followed by an infinitive, the direct object pronoun is usually placed right before the main verb (not the infinitive).

  — ¿Quieres comprar **esa falda?**
  — Sí, **la** quiero comprar.

  In the sentence *Necesito llevar un suéter,* which is the main verb? Which is the infinitive? How would you restate this using a direct object pronoun?

- Direct object pronouns have the same gender (masculine or feminine) and number (singular or plural) as the nouns they are replacing.

  — Me gusta mucho **esa blusa.** **¿La** tiene en azul?

- When the pronoun replaces both a masculine and a feminine direct object noun, we use *los*.

  — ¿Cuándo compraste **la falda y el vestido?**
  — **Los** compré el sábado.

1 Read the sentences on the left. Which noun on the right has been replaced by a direct object pronoun in each sentence?

Sí, **la** quiero.   camisas
No **lo** voy a comprar.   calcetines
María **los** tiene.   chaqueta
María y Juan **las** quieren comprar.   suéter

2 Ask your partner how often he or she eats certain foods.

A —*¿Cuándo comes pollo?*
B —*Lo como todos los días.*
　　o: *No lo como nunca.*

Estudiante A

Estudiante B

nunca

a veces

los (viernes)

en (el almuerzo)

a.

b.

c.

d.

e.

f.

g.

h.

i.

3 Discuss with your partner what color you prefer for these
items of clothing.

A — *¿De qué color prefieres los pantalones?*
B — *Los prefiero negros.*

a.   b.   c.   d.

e.   f.   g.   h.   i.

4 Today is April 26 and you recently did a lot of shopping for clothes.
Use the calendar to answer your partner's questions.

A — *Tu chaqueta es nueva, ¿no?*
B — *Sí, la compré hace once días.*

A B R I L

5 You're trying to help your partner clean out a messy locker.
Ask whether he or she needs the objects pictured.

A — *¿Necesitas esta carpeta de argollas?*
B — *Sí, la necesito para mi clase de ciencias de la salud.*
      o: *No, no la necesito.*

6 You're talking to a friend about some school supplies you need to buy. With a partner, take turns asking and answering questions about five items.

A — *Necesito comprar un diccionario.*
B — *¿Cuándo lo quieres comprar?*
A — . . .

Here's an opportunity for you to put together what you learned in this chapter with what you learned earlier.

1 ¡Vamos de compras!

With your partner, play the roles of a store clerk and a customer who wants to buy an item of clothing. First, fold a sheet of paper into three sections. Brainstorm the following with your partner:

- things you can buy in a department store
- things you might say to a salesperson
- things the salesperson might say to you

Write as many words or expressions as you can in each category. Using your brainstorming sheet as a reference, now play the roles of the salesperson and customer. Here are some of the things you might include in your conversation.

- Polite greetings
- Questions and answers about a purchase you want to make, such as the price and the colors they have it in
- Decision about whether or not you will buy the item and why or why not
- Polite close

2 ¿Qué vas a comprar?

Imagine that you and some friends are helping a mail-order company increase its sales to teenagers. Work with a group to prepare a catalogue of clothing items to be sold. You may use magazine or catalogue pictures or draw them yourselves.

Describe your merchandise to two other groups. Have each of these groups select the one item from your catalogue they think would be most popular.

Make a bulletin board display of the items selected from each group's catalogue. Be sure to write a caption for each item.

3 ¿Quién es?

Write your name on a card, then get together in small groups and put all the cards upside down in a pile. Choose one student in the group to be the moderator. He or she picks a card, but doesn't let anyone see it. Take turns asking *sí/no* questions in order to guess whose name is on the card. For example: *¿Es una muchacha? ¿Tiene pelo rubio corto? ¿Lleva un suéter rojo?* The first person who guesses correctly becomes the next moderator.

✔ Ahora lo sabes

Using what you have learned so far, can you:

- **identify and describe articles of clothing?**

- **point out specific people and things?**

- **avoid repeating a noun by replacing it with *lo, la, los,* or *las?***

¡Vamos a leer!

Antes de leer

STRATEGIES ➤ Using prior knowledge
Making predictions

What are some things you might find in a clothing store ad? Working with a partner, make a list of three things in Spanish.

Plaza de las Américas en San Juan, Puerto Rico

Mira la lectura

STRATEGY ➤ Skimming

Skim the ads on page 269 to get a general idea of what is for sale. Which store would you shop in?

STRATEGY ➤ Scanning

Scan the ads. Did all of them include the three things you listed in *Antes de leer?*

Infórmate

STRATEGY ➤ Using context to get meaning

1 Match the expressions in column A with the synonyms in column B. Use the synonyms in the ads to test your answers.

A	B
el mayor surtido	costos
precios	historias imaginarias
leyendas	la selección más grande

2 Imagine that you are visiting New York. Use the information in the ads to choose two items that you might buy to take home with you. Which stores would you buy them in?

Aplicación

1 Read these advertising slogans in English. What similar phrases can you find in these Spanish-language ads?

a. Like no other store in the world.
b. Insider's Club saves you 10%.
c. More than just a hamburger.
d. Big savings.

2 Explain to a partner at least one reason you think ads in Spanish might be distributed in New York.

20%-70% de descuento

No hay otra tienda como Green's Basement. El centro de descuento más famoso del mundo en ropa para mujeres, jóvenes y niñas. Este mes el lugar ideal para comprar zapatos elegantes pero baratos.

GREEN'S BASEMENT
132 CANAL STREET

La selección más completa en ropa deportiva de New York University

J. Jones Co.
1320 University Place
(Cerca de NYU)

ABIERTO
lunes a viernes
9:30 a 10:00
domingo
12:00 a 6:00

En Nueva York, el mayor surtido de chaquetas de cuero. Más que chaquetas de cuero, son leyendas americanas.

- Chaquetas, pantalones y camisas para hombres, mujeres y niños
- Servicio y precios excelentes
- Descuentos especiales para pilotos y policías
10% de descuento con este anuncio

Cockpit

492 Lexington Avenue, entre las calles 32 y 33

¡La última moda para los jóvenes!
URBAN AVENGER

749 Quinta Avenida *(cerca de la calle 57)*
Tenemos ropa deportiva de todos los colores para jóvenes y adultos atrevidos. ¡Ya están aquí! ¡Los últimos estilos! Tus padres nunca compran su ropa aquí.

¡Vamos a escribir!

Create an ad for an article of clothing that might appear in a young people's magazine or catalogue.

1 First, think about what might appeal to you and your friends. What article of clothing are you going to sell? What colors does it come in? Where can you buy it? How much does it cost? Jot down the answers to these questions in Spanish.

Invent a brand name for your clothing. Create a slogan for the brand or the store. Use the slogans from the ads in *¡Vamos a leer!* as a guide.

2 Make a rough copy of your ad, then show it to a partner. Ask for comments on what he or she likes as well as what might be changed. Think about the changes your partner suggests and any others you might want to make, and rewrite your ad.

3 Make a clean copy of your ad. Copy edit it using the following checklist:

- spelling
- capital letters
- punctuation
- position of adjectives
- correct use of direct object pronouns (*lo, la, los, las*)

4 Now you're ready to share your ad. You can file it in your writing portfolio, or the entire class can collect the ads into a catalogue called *Ropa de Primavera / Verano / Otoño / Invierno de (año)*.

Resumen del capítulo 6

Use the vocabulary from this chapter to help you:

- describe the color, fit, and price of clothes
- ask about and buy clothes
- tell where and when you bought clothes and how much you paid for them

¡FELICIDADES! ¡QUÉ INTELIGENTE ERES!

to identify articles of clothing

la blusa
el calcetín, *pl.* los calcetines
la camisa
la camiseta
la chaqueta
la falda
los jeans
los pantalones (cortos)
las pantimedias
la ropa
la sudadera
el suéter, *pl.* los suéteres
los tenis
el vestido
el zapato

to describe clothes

la ganga
barato, -a
caro, -a
corto, -a
nuevo, -a
¿Cómo te queda(n)?
Me queda(n) bien.
¡Qué + *adjective!*

to talk about colors

el color
¿De qué color?
amarillo, -a
anaranjado, -a
azul, *pl.* azules
blanco, -a
gris, *pl.* grises
marrón, *pl.* marrones
morado, -a
negro, -a
rojo, -a
rosado, -a
verde

to talk about places to shop for clothing

el almacén, *pl.* los almacenes
la tienda de descuentos
la tienda de ropa
la zapatería

to talk about shopping

buscar
comprar:
  (yo) compré
  (tú) compraste
llevar
pagar:
  (yo) pagué
  (tú) pagaste
para mí/ti
por

to indicate a specific item or items

ese, -a; esos, -as
este, -a; estos, -as
lo, la; los, las
otro, -a

to discuss prices

ciento un(o), una . . .
¿Cuánto?
Cuesta(n)
el dólar

to assist customers in a store

¿Qué desea (Ud.)?

to address people

joven

to start a conversation

perdón

to tell when something happened

hace + *time expression*

to indicate location

por aquí

Sección de consulta
Los verbos

INFINITIVE	PRESENT	PRETERITE

Regular Verbs
(You will learn the verb forms that are in italic type next year.)

comprar

compro	compramos	compré	*compramos*
compras	compráis	compraste	*comprasteis*
compra	compran	*compró*	*compraron*

comer

como	comemos
comes	coméis
come	comen

vivir

vivo	vivimos
vives	vivís
vive	viven

Stem-Changing Verbs
(You will learn the verb forms that are in italic type next year.)

costar (o → ue)   cuesta   cuestan

empezar (e → ie)

empiezo	empezamos
empiezas	empezáis
empieza	empiezan

jugar (u → ue)

juego	jugamos
juegas	jugáis
juega	juegan

llover (o → ue)   llueve

nevar (e → ie)   nieva

poder (o → ue)   See *Irregular Verbs.*

preferir (e → ie)

prefiero	*preferimos*
prefieres	*preferís*
prefiere	*prefieren*

querer (e → ie)   See *Irregular Verbs.*

Verbs with Spelling Changes

(You will learn the verb forms that are in italic type next year.)

pagar

pago	pagamos	pagué	*pagamos*
pagas	pagáis	pagaste	*pagasteis*
paga	pagan	*pagó*	*pagaron*

Irregular Verbs

(You will learn the verb forms that are in italic type next year.)

estar

estoy	estamos
estás	estáis
está	están

ir

voy	vamos
vas	vais
va	van

poder

puedo	*podemos*
puedes	*podéis*
puede	*pueden*

querer

quiero	*queremos*
quieres	*queréis*
quiere	*quieren*

ser

soy	somos
eres	sois
es	son

tener

tengo	tenemos
tienes	tenéis
tiene	tienen

INFINITIVE	PRESENT		PRETERITE
ver	veo	vemos	
	ves	veis	
	ve	ven	

Los números

0	cero	13	trece	26	veintiséis
1	uno	14	catorce	27	veintisiete
2	dos	15	quince	28	veintiocho
3	tres	16	dieciséis	29	veintinueve
4	cuatro	17	diecisiete	30	treinta
5	cinco	18	dieciocho	40	cuarenta
6	seis	19	diecinueve	50	cincuenta
7	siete	20	veinte	60	sesenta
8	ocho	21	veintiuno	70	setenta
9	nueve	22	veintidós	80	ochenta
10	diez	23	veintitrés	90	noventa
11	once	24	veinticuatro	100	cien
12	doce	25	veinticinco		

Los días de la semana y los meses del año

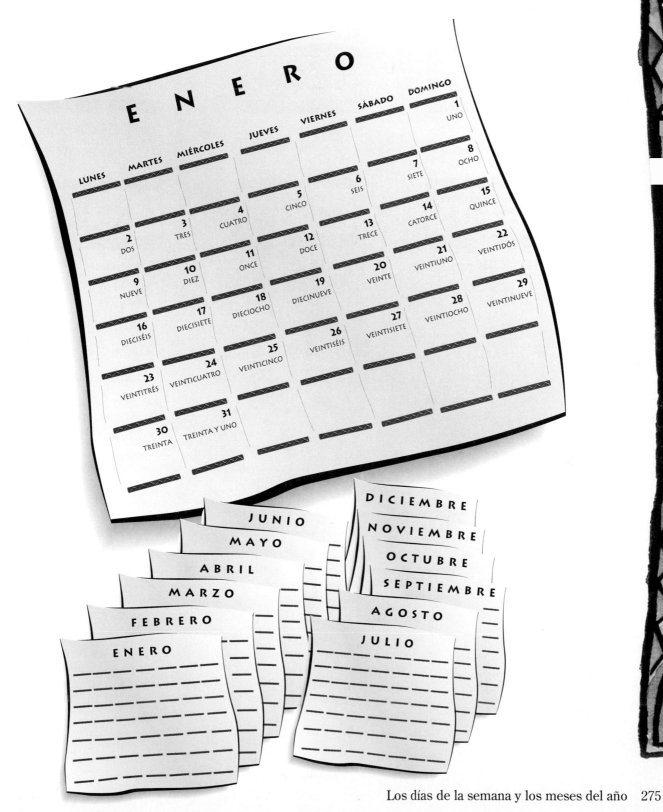

ENERO

LUNES	MARTES	MIÉRCOLES	JUEVES	VIERNES	SÁBADO	DOMINGO
						1 UNO
2 DOS	3 TRES	4 CUATRO	5 CINCO	6 SEIS	7 SIETE	8 OCHO
9 NUEVE	10 DIEZ	11 ONCE	12 DOCE	13 TRECE	14 CATORCE	15 QUINCE
16 DIECISÉIS	17 DIECISIETE	18 DIECIOCHO	19 DIECINUEVE	20 VEINTE	21 VEINTIUNO	22 VEINTIDÓS
23 VEINTITRÉS	24 VEINTICUATRO	25 VEINTICINCO	26 VEINTISÉIS	27 VEINTISIETE	28 VEINTIOCHO	29 VEINTINUEVE
30 TREINTA	31 TREINTA Y UNO					

JUNIO
MAYO
ABRIL
MARZO
FEBRERO
ENERO

DICIEMBRE
NOVIEMBRE
OCTUBRE
SEPTIEMBRE
AGOSTO
JULIO

La hora

¿Qué hora es?

Es la una.

Son las dos.

Son las dos y cuarto.

Son las dos y media.

Son las dos y cuarenta y cinco.

Son las tres.

Los Colores

morado, -a

negro, -a

blanco, -a

verde

rojo, -a

anaranjado, -a

amarillo, -a

rosado, -a

marrón, *pl.* marrones

azul, *pl.* azules

gris, *pl.* grises

Palabras interrogativas

Estudiante A

Estudiante B

¿Cómo?

Bien, gracias.
Me llamo . . .
Trabajador(a) y amable.

¿Cuál?

Hoy es el 13 de octubre.
La clase de español.

¿Cuáles?

Las clases de ciencias y
de inglés.

¿Cuándo?

Mañana.
El lunes.
Por la tarde.

¿Cuánto?

Cien pesos.
Mucho.

¿Cuántos? / ¿Cuántas?

Muchos. / Muchas.
Seis.

¿Dónde?

En la escuela.
En casa.
Aquí.

¿Adónde?

A Madrid.
A la escuela.

¿De dónde?

De México.
De San Diego.

¿Por qué?

Porque . . .

¿Qué?

Un lápiz.
Unos lápices.
Mi perro.
Estudiar.

¿Quién?

María.
Mi amigo(a).

¿Quiénes?

María y Juan.
Mis amigos(as).

VOCABULARIO ESPAÑOL-INGLÉS

The *Vocabulario español-inglés* contains all active vocabulary from the text.

A dash (—) represents the main entry word. For example, **en el —** after **el almuerzo** means **en el almuerzo.**

The number following each entry indicates the chapter in which the word or expression is presented. The letter *P* following an entry refers to *El primer paso.*

The following abbreviations are used: *adj.* (adjective), *dir. obj.* (direct object), *f.* (feminine), *fam.* (familiar), *inf.* (infinitive), *m.* (masculine), *pl.* (plural), *prep.* (preposition), *pron.* (pronoun), *sing.* (singular).

a to (1, 3); at (2)
  a la, al (a + el) to the (1, 3)
abril April (P)
el **abuelo, la abuela** grandfather, grandmother (5)
los **abuelos** grandparents (5)
adiós good-by (P)
¿adónde? (to) where? (3)
agosto August (P)
el **agua** *f.* water (4)
al *see* **a**
algo something (4)
allí there (2)
  — está there it is (2)
el **almacén,** *pl.* **los almacenes** department store (6)
el **almuerzo** lunch (2)
  en el — for lunch (4)
alto, -a tall (5)
amable kind, nice (1)
amarillo, -a yellow (6)
el **amigo, la amiga** friend (1, 3)
anaranjado, -a orange *(color)* (6)
antipático, -a unfriendly, unpleasant (5)
el **año** year (P)
  ¿cuántos —s tienes? how old are you? (P)
  tener . . . —s to be . . . years old (P, 5)
  tengo . . . —s I'm . . . years old (P)

aquí here (2)
  — está here it is (2)
  por — around here (6)
la **argolla: la carpeta de —s** three-ring binder (2)
el **arroz** rice (4)
el **arte** art (2)
artístico, -a artistic (1)
asco: ¡qué —! yuk! that's disgusting! (4)
así, así so-so, fair (P)
atractivo, -a attractive (5)
atrevido, -a bold, daring (1)
ayudar to help (1)
azul, *pl.* **azules** blue (5, 6)

bajo, -a short *(height)* (5)
barato, -a cheap, inexpensive (6)
el **básquetbol** basketball (3)
beber to drink (4)
la **bebida** beverage, drink (4)
el **béisbol** baseball (3)
bien well (P)
el **bistec** steak (4)
blanco, -a white (6)
la **blusa** blouse (6)
el **bolígrafo** pen (P)
bonito, -a pretty (5)
bueno (buen), -a good (P, 4)
buscar to look for (6)

el **café** coffee (4)
el **calcetín,** *pl.* **los calcetines** sock (6)
la **calculadora** calculator (2)
callado, -a quiet (1)
la **camisa** shirt (6)
la **camiseta** T-shirt (6)
el **campo** country(side) (3)
canoso: pelo — gray hair (5)
cansado, -a tired (3)
cariñoso, -a affectionate, loving (5)
caro, -a expensive (6)
la **carpeta** pocket folder (2)
  la — de argollas three-ring binder (2)
la **casa: en —** at home (1)
castaño: pelo — brown (chestnut) hair (5)
catorce fourteen (P)
la **cebolla** onion (4)
la **cena** dinner (4)
  en la — for dinner (4)
el **centro comercial** mall (3)
el **cereal** cereal (4)
cero zero (P)
la **chaqueta** jacket (6)
cien one hundred (5)
las **ciencias** science (2)
  las — de la salud health (science) (2)
  las — sociales social studies (2)

ciento un(o), -a; ciento dos; etc. 101, 102, etc. (6)

cinco five (P)

cincuenta fifty (2)

el **cine** movie theater (1)

    ir al — to go to the movies (1)

claro:

    ¡— que sí! of course! (3)

    ¡— que no! of course not! (3)

la **clase (de)** class (2)

    después de las —s after school (3)

    la sala de —s classroom (P)

cocinar to cook (1)

el **color** color (6)

    ¿de qué —? what color? (6)

comer to eat (4)

comercial *see* **centro**

la **comida** meal, food (4)

¿cómo? how? (P)

    ¿— eres? what are you like? (1)

    ¿— está (Ud.)? how are you? *formal* (P)

    ¿— estás? how are you? *fam.* (P)

    ¿— se dice . . . ? how do you say . . . ? (P)

    ¿— se escribe . . . ? how do you spell . . . ? (P)

    ¿— se llama(n)? what is his/her/their name? (5)

    ¿— te llamas? what's your name? (P)

el **compañero, la compañera** classmate (P)

comprar to buy (6)

compras: ir de — to go shopping (3)

con with (1, 3)

conmigo with me (3)

contigo with you (3)

corto, -a short (6)

    los pantalones —s

shorts (6)

costar *(o → ue)* to cost (6)

creer to think, to believe (4)

    creo que no I don't think so (4)

    creo que sí I think so (4)

el **cuaderno** spiral notebook (2)

¿cuál(es)? what? (P); which? which one(s)? (4)

¿cuándo? when (P)

¿cuánto? how much? (6)

    ¿cuántos, -as? how many? (P, 5)

    ¿— años tiene . . . ? how old is . . . ? (5)

    ¿— años tienes? how old are you? (P)

cuarenta forty (2)

cuarto, -a fourth (2)

    y — *(time)* quarter after, quarter past (2)

cuatro four (P)

cuesta(n) it costs (they cost) (6)

el **cumpleaños** birthday (P)

de from, of (P); of, — 's, — s' (5)

    — nada you're welcome (3)

    ¿— veras? really? (1)

deber ought to, should (4)

decir:

    ¿cómo se dice . . . ? how do you say . . . ? (P)

    ¡no me digas! really?, you don't say! (3)

    ¿qué quiere — . . . ? what does . . . mean? (P)

    se dice . . . it is said . . . (P)

los **deportes** sports (1)

deportista athletic (1)

el **desayuno** breakfast (4)

    en el — for breakfast (4)

el **descuento: la tienda de —**

s discount store (6)

desear: ¿qué desea Ud.? may I help you? (6)

desordenado, -a messy (1)

después de after (3)

    — las clases after school (3)

el **día** day (P)

    buenos —s good morning (P)

    ¿qué — es hoy? what day is it? (P)

    todos los —s every day (3)

dibujar to draw (1)

el **diccionario** dictionary (2)

dice: ¿cómo se — . . . ? how do you say . . . ? (P)

diciembre December (P)

diecinueve nineteen (P)

dieciocho eighteen (P)

dieciséis sixteen (P)

diecisiete seventeen (P)

diez ten (P)

difícil difficult, hard (2)

digas: ¡no me —! really?, you don't say! (3)

la **diversión: el parque de diversiones** amusement park (3)

doce twelve (P)

el **dólar** dollar (6)

domingo Sunday (P)

    el — on Sunday (3)

¿dónde? where? (3)

    ¿de — eres? where are you from? (P)

dos two (P)

la **educación física** physical education, gym class (2)

el the *m. sing.* (P, 2)

él he (2); him *after prep.* (3)

ella she (2); her *after prep.* (3)

ellos, ellas they (2); them *after prep.* (3)

empezar *(e → ie)* to begin, to start (2)

en in, at, on (P)

encantar to love (4)

le encanta(n) he/she loves (5)

me encanta(n) I love (4)

enero January (P)

enfermo, -a ill, sick (3)

la **ensalada** salad (4)

enseñar to teach (2)

eres you *fam.* are (P, 1)

es it is (P); he/she is (2)

escribir: ¿cómo se escribe . . . ? how do you spell . . . ? (P)

escuchar to listen (to) (1)

la **escuela** school (1)

ese, -a; -os, -as that; those (6)

el **español** Spanish *(language)* (P, 2)

la **estación,** *pl.* **las estaciones** season (3)

estar to be (1, 3)

aquí/allí está here/there it is (2)

¿cómo estás/está Ud.? how are you? (P)

este, -a; -os, -as this; these (6)

el/la **estudiante** student (P)

estudiar to study (1)

fácil easy (2)

la **falda** skirt (6)

la **familia** family (3)

febrero February (P)

la **fecha** date (P)

feo, -a ugly (5)

la **fiesta** party (3)

el **fin** *(pl.* **los fines) de semana** weekend (3)

física: la educación — physical education, gym class (2)

fritas: las papas — French fries (4)

las **frutas** fruit (4)

el **fútbol** soccer (3)

el **— americano** football (3)

la **ganga** bargain (6)

el **gato** cat (5)

el **gemelo, la gemela** twin (5)

generalmente usually, generally (3)

generoso, -a generous (1)

¡genial! great! wonderful! (3)

el **gimnasio** gymnasium (3)

la **grabadora** tape recorder (2)

gracias thank you (P)

gracioso, -a funny (1)

grande big, large (5)

gris, *pl.* **grises** gray (5, 6)

guapo, -a handsome, good-looking (5)

los **guisantes** peas (4)

la **guitarra** guitar (1)

gustar to like (1)

le gusta(n) he/she likes (5)

me/te gusta I like, you like (1)

me gusta más I prefer (1)

(A mí) me gustaría I'd like . . . (3)

¿(A ti) te gustaría? would you like . . . ? (3)

gusto: mucho — pleased/nice to meet you (P)

hablar to talk (1)

hacer to do (1)

hace + *(time expression)* ago (6)

hambre: tener — to be hungry (4)

la **hamburguesa** hamburger (4)

hasta luego see you later (P)

hay there is, there are (P)

¿cuántos, -as . . . —? how many . . . are there? (P)

helado: el té — iced tea (4)

el **hermano, la hermana** brother, sister (5)

los **hermanos** brothers; brother(s) and sister(s) (5)

el **hijo, la hija** son, daughter (5)

los **hijos** sons; sons and daughters (5)

la **hoja de papel** sheet of paper (P)

¡hola! hi!, hello! (P)

el **hombre** man (5)

la **hora** period; time (2)

¿a qué —? at what time? (2)

¿qué — es? what time is it? (2)

el **horario** schedule (2)

horrible horrible (4)

hoy today (P)

— no not today (3)

el **huevo** egg (4)

igualmente likewise (P)

impaciente impatient (1)

el **inglés** English *(language)* (2)

inteligente intelligent (5)

el **invierno** winter (3)

ir to go (1, 3)

— a + *inf.* to be going to + *verb* (3)

— de compras to go shopping (3)

— de pesca to go fishing (3)

el **jamón** ham (4)

los jeans jeans (6)
joven young (5)
el/la joven young man, young lady (6)
las judías verdes green beans (4)
jueves Thursday (P)
    el — on Thursday (3)
jugar *(u → ue)* to play (3)
el jugo juice (4)
    — de naranja orange juice (4)
julio July (P)
junio June (P)

la the *f. sing.* (P, 2); her, it, you *f. sing. dir. obj. pron.* (6)
el lápiz, *pl.* **los lápices** pencil (2)
las the *f. pl.* (2); them, you *f. pl. dir. obj. pron.* (6)
lástima: ¡qué —! that's too bad! what a shame! (3)
le:
    — encanta(n) he/she loves (5)
    — gusta(n) he/she likes (5)
la leche milk (4)
la lechuga lettuce (4)
leer to read (1)
el libro book (P)
la limonada lemonade (4)
llamar:
    ¿cómo se llama(n)? what is his / her / their name? (5)
    ¿cómo te llamas? what's your name? (P)
    me llamo my name is (P)
    se llama(n) his / her /their name is (5)
llevar to wear (6)
lo him, it, you *m. sing. dir. obj. pron.* (6)

— siento I'm sorry (2)
los the *m. pl.* (P, 4); them *m. pl. dir. obj. pron.* (6)
    — + *day of week* on + day of week (3)
luego: hasta — see you later (P)
lunes Monday (P)
    el — on Monday (3)

la madre mother (5)
malo, -a bad (4)
la manzana apple (4)
mañana tomorrow (P, 3)
la mañana morning (3)
    por la — in the morning (3)
el marcador marker (2)
marrón, *pl.* **marrones** brown (5, 6)
martes Tuesday (P)
    el — on Tuesday (3)
marzo March (P)
más more (4)
    — o menos more or less (4)
    me gusta — I prefer (1)
las matemáticas math(ematics) (2)
mayo May (P)
mayor older (5)
media: y — half-past (2)
menor *pl.*, **menores** younger (5)
menos less (4)
    más o — more or less (4)
la merienda afternoon snack (4)
el mes month (P)
la mesa table (P)
mi, mis my (3)
mí *after prep.* me (1, 3)
    a — me gusta(n) I like *(emphatic)* (1, 3)
miércoles Wednesday (P)
    el — on Wednesday (3)

la mochila backpack (2)
morado, -a purple (6)
el muchacho, la muchacha boy, girl (5)
mucho a lot (1)
mucho, -a a lot of, much (2)
    — gusto pleased / nice to meet you (P)
la mujer woman (5)
la música music (1, 2)
muy very (P, 1)

nada:
    de — you're welcome (3)
    no me gusta — . . . I don't like . . . at all (1)
nadar to swim (1)
nadie nobody, no one (5)
la naranja orange (4)
necesitar to need (2)
negro, -a black (5, 6)
ni . . . ni neither . . . nor, not . . . or (1)
no no, not (P)
    creo que — I don't think so (4)
la noche night, evening (P)
    buenas — s good evening, good night (P)
    por la — in the evening (3)
el nombre name (5)
nosotros, -as we (2); us *after prep.* (3)
noventa ninety (5)
noviembre November (P)
nueve nine (P)
nuevo, -a new (6)
el número number (P)
nunca never (4)

o or (P)
ochenta eighty (5)
ocho eight (P)

octavo, -a eighth (2)
octubre October (P)
ocupado, -a busy (3)
el **ojo** eye (5)
once eleven (P)
ordenado, -a neat, tidy (1)
el **otoño** fall, autumn (3)
otro, -a another, other (6)

paciente patient *adj.* (1)
el **padre** father (5)
los **padres** parents (5)
pagar to pay (6)
el **pan** bread (4)
   el **— tostado** toast (4)
los **pantalones** pants (6)
   los **— cortos** shorts (6)
las **pantimedias** pantyhose (6)
la **papa** potato (4)
   la **— al horno** baked
     potato (4)
   las **—s fritas** French fries
     (4)
el **papel** paper (P)
   la **hoja de —** sheet of
     paper (P)
para for (2)
el **parque** park (3)
   el **— de diversiones**
     amusement park (3)
el **pasatiempo** pastime, hobby
   (3)
patinar to skate (1)
pelirrojo, -a red-haired (5)
el **pelo** hair (5)
pequeño, -a small, little (5)
perdón excuse me (6)
perezoso, -a lazy (1)
pero but (1)
el **perro** dog (5)
la **persona** person (5)
pesca: ir de — to go
   fishing (3)
el **pescado** fish (4)
la **piscina** pool (3)
la **pizarra** chalkboard (P)

el **plátano** banana (4)
la **playa** beach (3)
la **plaza** town square, plaza (3)
poder *(o → ue)* can, to be
   able to (3)
el **pollo** chicken (4)
   la **sopa de —** chicken
     soup (4)
por for (6)
   — aquí around here (6)
   **— la mañana / la tarde /
   la noche** in the morn-
     ing / afternoon /
     evening (3)
   ¿— qué? why? (3)
   — teléfono on the phone
     (1)
porque because (3)
practicar to practice (1)
preferir *(e → ie)* to prefer
   (4)
la **primavera** spring (3)
primero (primer), -a first
   (P, 2)
el **primo, la prima** cousin (5)
el **profesor, la profesora**
   teacher (P)
prudente cautious (1)
puedo, puedes I can, you
   can (3)
pues well *(to indicate pause)*
   (1)
el **pupitre** student desk (P)

que that, who (5)
¿qué? what? (2)
   ¡— + *adj.!* how + *adj.!* (6)
   ¿— tal? how's it going?
     (P)
quedar to fit (6)
   me queda(n) bien it fits
     (they fit) me well (6)
querer *(e → ie)* to want (3)
   ¿qué quiere decir ...?
     what does ... mean? (P)
el **queso** cheese (4)

¿quién(es)? who? whom? (2,
   5)
quiere: ¿qué — decir ...?
   what does ... mean? (P)
quiero, quieres I want, you
   want (3)
quince fifteen (P)
quinto, -a fifth (2)

el **refresco** soft drink (4)
la **regla** ruler (2)
rojo, -a red (6)
la **ropa** clothes (6)
rosado, -a pink (6)
rubio, -a blond(e) (5)

sábado Saturday (P)
   el — on Saturday (3)
sabroso, -a delicious, tasty
   (4)
la **sala de clases** classroom
   (P)
la **salud** health (4)
   las ciencias de la —
     health (science) (2)
el **sandwich** sandwich (4)
   sed: tener — to be thirsty
     (4)
segundo, -a second (2)
seis six (P)
la **semana** week (P)
   el fin *(pl.* **los fines) de
   —** weekend (3)
el **semestre** semester (2)
señor (Sr.) Mr., sir (P)
señora (Sra.) Mrs., ma'am
   (P)
señorita (Srta.) Miss (P)
septiembre September (P)
séptimo, -a seventh (2)
ser to be (5)
serio, -a serious (1)
sesenta sixty (5)
setenta seventy (5)
sexto, -a sixth (2)

sí yes (P); do + *verb (emphatic)* (1)
siempre always (4)
siento: lo — I'm sorry (2)
siete seven (P)
simpático, -a nice, friendly (5)
sociable outgoing (1)
social: las ciencias —es social studies (2)
solo, -a alone (3)
sólo only (5)
son (they) are (4)
— las it is . . . *(in telling time)* (2)
la **sopa** soup (4)
soy I am (P, 1)
su, sus his, her (5)
la **sudadera** sweatshirt (6)
el **suéter** sweater (6)

tacaño, -a stingy (1)
tal: ¿qué —? how's it going? (P)
también also, too (1)
a mí — me too (1)
tampoco (not . . .) either (1)
la **tarde** afternoon (P)
buenas —s good afternoon, good evening (P)
por la — in the afternoon (3)
la **tarea** homework (2)
te you *fam. obj. pron.* (1)
el **té** tea (4)
el — helado iced tea (4)
el **teléfono** telephone (1)
hablar por — to talk on the phone (1)
el número de — phone number (P)
la **tele(visión)** television (1)
tener to have (2, 5); *see also* **año, hambre, sed**
tengo *see* **año, tener**
el **tenis** tennis (3)
los **tenis** sneakers (6)
tercer, -a third (2)
terminar to finish, to end (2)
ti *after prep.* you (1)
¿a — te gusta(n)? do you like? *(emphatic)* (1)
la **tienda** store (6)
la — de descuentos discount store (6)
la — de ropa clothing store (6)
tienes *see* **año, tener**
el **tío, la tía** uncle, aunt (5)
los tíos uncles; aunts and uncles (5)
tocar to play (1)
todos, -as all; everyone (5)
— los días every day (3)
el **tomate** tomato (4)
la sopa de — tomato soup (4)
tostado: el pan — toast (4)
trabajador, -a hard-working (1)
trece thirteen (P)
treinta thirty (P, 2)
tres three (P)
tu, tus your *fam.* (2, 3)
tú you *fam.* (P, 2)

un, una a, an, one (P, 2)
es la una it's one o'clock (2)
único, -a only (5)
uno one (P)
unos, -as a few, some (4)
usted (Ud.) you *formal sing.* (P, 2)
ustedes (Uds.) you *formal pl.* (2)
la **uva** grape (4)

veces: a — at times, sometimes (1)
veinte twenty (P)
veintiuno (veintiún) twenty-one (P)
ver to see, to watch (1)
a — let's see (2)
el **verano** summer (3)
veras: ¿de —? really? (1)
¿verdad? isn't that so?, right? (4)
verde green (5, 6)
las **verduras** vegetables (4)
la sopa de — vegetable soup (4)
el **vestido** dress (6)
el **videojuego** video game (3)
viejo, -a old (5)
viernes Friday (P)
el — on Friday (3)
el **vóleibol** volleyball (3)
vosotros, -as you *fam. pl.* (2)

y and (P, 1)
yo I (P, 2)

la **zanahoria** carrot (4)
la **zapatería** shoe store (6)
el **zapato** shoe (6)

ENGLISH-SPANISH VOCABULARY

The *English-Spanish Vocabulary* contains all active vocabulary from the text.

A dash (—) represents the main entry word. For example, — **school** following **after** means **after school.**

The number following each entry indicates the chapter in which the word or expression is presented. The letter *P* following an entry refers to *El primer paso.*

The following abbreviations are used: *adj.* (adjective), *dir. obj.* (direct object), *f.* (feminine), *fam.* (familiar), *inf.* (infinitive), *m.* (masculine), *pl.* (plural), *prep.* (preposition), *pron.* (pronoun), *sing.* (singular).

a, an un, una (2)
able: to be — poder *(o → ue)* (3)
affectionate cariñoso, -a (5)
after después (de) (3)
  — school después de las clases (3)
afternoon la tarde (P)
  — snack la merienda (4)
  good — buenas tardes (P)
  in the — por la tarde (3)
ago hace + *(time expression)* . . . (6)
all todos, -as (5)
alone solo, -a (3)
also también (1)
always siempre (4)
am soy (P, 1)
amusement park el parque de diversiones (3)
and y (P, 1)
another otro, -a (6)
apple la manzana (4)
April abril (P)
around here por aquí (6)
art el arte (2)
artistic artístico, -a (1)
at en (P); a (2)
athletic deportista (1)
attractive atractivo, -a (5)
August agosto (P)
aunt la tía (5)
  —s and uncles los tíos (5)
autumn el otoño (3)

backpack la mochila (2)
bad malo, -a (4)
  that's too — ¡qué lástima! (3)
banana el plátano (4)
bargain la ganga (6)
baseball el béisbol (3)
basketball el básquetbol (3)
to **be** estar (1, 3); ser (5)
  — from ser de (P)
  to — able poder *(o → ue)* (3)
beach la playa (3)
beans: green — las judías verdes (4)
because porque (3)
to **begin** empezar *(e → ie)* (2)
to **believe** creer (4)
better: I like . . . — me gusta(n) más (1)
beverage la bebida (4)
big grande (5)
binder (3-ring) la carpeta de argollas (2)
birthday el cumpleaños (P)
  — party la fiesta de cumpleaños (4)
black negro, -a (5, 6)
blond(e) rubio, -a (5)
blouse la blusa (6)
blue azul, *pl.* azules (5, 6)
bold atrevido, -a (1)
book el libro (P)
boy el muchacho (5)

bread el pan (4)
breakfast el desayuno (4)
  for — en el desayuno (4)
brother el hermano (5)
  —(s) and sister(s) los hermanos (5)
brown marrón, *pl.* marrones (5, 6); *(hair)* castaño (5)
busy ocupado, -a (3)
but pero (1)
to **buy** comprar (6)

calculator la calculadora (2)
can poder *(o → ue)* (3)
  I/you — puedo, puedes (3)
carrot la zanahoria (4)
cat el gato (5)
cautious prudente (1)
cereal el cereal (4)
chalkboard la pizarra (P)
cheap barato, -a (6)
cheese el queso (4)
chestnut (-colored) castaño, -a (5)
chicken el pollo (4)
  — soup la sopa de pollo (4)
child el hijo, la hija (5)
  only — el hijo único, la hija única (5)
class la clase (de) (2)
classmate el compañero, la compañera (P)

classroom la sala de clases (P)
clothes la ropa (6)
clothing store la tienda de ropa (6)
coffee el café (4)
color el color (6)
  what —? ¿de qué color? (6)
to **cook** cocinar (1)
to **cost** costar *(o → ue)* (6)
  it —s (they —) cuesta(n) (6)
country(side) el campo (3)
course:
  of — ¡claro que sí! (3)
  of — not ¡claro que no! (3)
cousin el primo, la prima (5)

daring atrevido, -a (1)
date la fecha (P)
  what's today's —? ¿cuál es la fecha de hoy? (P)
daughter la hija (5)
day el día (P)
  every — todos los días (3)
December diciembre (P)
delicious sabroso, -a (4)
department store el almacén, *pl.* los almacenes (6)
desk *(student)* el pupitre (P)
dictionary el diccionario (2)
difficult difícil (2)
dinner la cena (4)
  for — en la cena (4)
discount store la tienda de descuentos (6)
disgusting: that's —! ¡qué asco! (4)
to **do** hacer (1)
dog el perro (5)
dollar el dólar (6)
to **draw** dibujar (1)
dress el vestido (6)
drink la bebida (4)
to **drink** beber (4)

easy fácil (2)
to **eat** comer (4)
egg el huevo (4)
eight ocho (P)
eighteen dieciocho (P)
eighth octavo, -a (2)
eighty ochenta (5)
either: not . . .— (no . . .) tampoco (1)
eleven once (P)
to **end** terminar (2)
English *(language)* el inglés (2)
evening la noche (P)
  good — buenas noches, buenas tardes (P)
  in the — por la noche, por la tarde (3)
every day todos los días (3)
everyone todos, -as (5)
excuse me perdón (6)
expensive caro, -a (6)
eye el ojo (5)

fair así, así (P)
fall el otoño (3)
family la familia (3)
father el padre (5)
February febrero (P)
few: a — unos, unas (4)
fifteen quince (P)
fifth quinto, -a (2)
fifty cincuenta (2)
to **finish** terminar (2)
first primero (primer), -a (P, 2)
fish el pescado (4)
fishing: to go — ir de pesca (3)
to **fit** quedar (6)
  it —s (they —) me well me queda(n) bien (6)
five cinco (P)
folder la carpeta (2)
food la comida (4)
football el fútbol americano (3)

for para (2, 6); por (6)
forty cuarenta (2)
four cuatro (P)
fourteen catorce (P)
fourth cuarto, -a (2)
French fries las papas fritas (4)
Friday viernes (P)
  —s los viernes (3)
  on — el viernes (3)
friend el amigo, la amiga (1, 3)
friendly simpático, -a (5)
from de (P)
fruit las frutas (4)
funny gracioso, -a (1)

generally generalmente (3)
generous generoso, -a (1)
girl la muchacha (5)
to **go** ir (3)
  how's it —ing? ¿qué tal? (P)
  to be —ing to + *verb* ir a + *inf.* (3)
  to — fishing ir de pesca (3)
  to — shopping ir de compras (3)
good bueno (buen), -a (P, 4)
  — afternoon buenas tardes (P)
  — evening buenas noches (P)
  — morning buenos días (P)
  — night buenas noches (P)
good-by adiós (P)
good-looking guapo, -a (5)
grandfather el abuelo (5)
grandmother la abuela (5)
grandparents los abuelos (5)
grape la uva (4)
gray gris, *pl.* grises (5, 6)
  — hair pelo canoso (5)
great! ¡genial! (3)

green verde (5, 6)
  — beans las judías verdes (4)
guitar la guitarra (1)
gym *(class)* la clase de educación física (2)
gymnasium el gimnasio (3)

hair el pelo (5)
half: — -past y media (2)
ham el jamón (4)
hamburger la hamburguesa (4)
handsome guapo, -a (5)
hard difícil (2)
hard-working trabajador, -a (1)
to **have** tener (2, 5)
he él (2)
health la salud (4); (class) las ciencias de la salud (2)
hello! ¡hola! (P)
to **help** ayudar (1)
  may I — you? ¿qué desea (Ud.)? (6)
her su, sus (5); *dir. obj. pron.* la (6)
here aquí (2)
  around — por aquí (6)
  — it is aquí está (2)
hi! ¡hola! (P)
him *dir. obj. pron.* lo (6)
his su, sus (5)
hobby el pasatiempo (3)
home: at — en casa (1)
homework la tarea (2)
horrible horrible (4)
how + *adj.!* ¡qué + *adj.!* (6)
how? ¿cómo? (P)
  — are you? ¿cómo está (Ud.)? *formal;* ¿cómo estás? *fam.* (P)
  — many? ¿cuántos, -as? (P, 5)
  — much? ¿cuánto? (6)
  — old are you? ¿cuántos

años tienes? (P)
  —'s it going? ¿qué tal? (P)
hundred cien (5); ciento (6)
hungry: to be — tener hambre (4)

I yo (P, 2)
iced tea el té helado (4)
ill enfermo, -a (3)
impatient impaciente (1)
in en (P)
inexpensive barato, -a (6)
intelligent inteligente (5)
is es (P, 2)
it *dir. obj. pron.* lo (6)

jacket la chaqueta (6)
January enero (P)
jeans los jeans (6)
juice el jugo (4)
  orange — el jugo de naranja (4)
July julio (P)
June junio (P)

kind amable (1)

lady: young — la joven (6)
large grande (5)
later: see you — hasta luego (P)
lazy perezoso, -a (1)
lemonade la limonada (4)
less menos (4)
  more or — más o menos (4)
let's see a ver (2)
lettuce la lechuga (4)

to **like** gustar a (1, 5)
  he / she —s le gusta(n) (5)
  I / you — (a mí) me / (a ti) te gusta(n) (1)
  I'd — (a mí) me gustaría (3)
  would you —? ¿(a ti) tc gustaría? (3)
likewise igualmente (P)
to **listen (to)** escuchar (1)
little pequeño, -a (5)
to **look for** buscar (6)
lot:
  a — mucho (1)
  a — of mucho, -a (2)
to **love** encantar (4)
  he / she —s le encanta(n) (5)
  I — me encanta(n) (4)
loving cariñoso, -a (5)
lunch el almuerzo (2)
  for — en el almuerzo (4)

ma'am señora (P)
mall el centro comercial (3)
man el hombre (5)
  young — el joven, *pl.* los jóvenes (6)
many: how —? ¿cuántos, -as? (P)
March marzo (P)
marker el marcador (2)
math(ematics) las matemáticas (2)
may I help you? ¿qué desea (Ud.)? (6)
May mayo (P)
me *after prep.* mí (1)
meal la comida (4)
meet: pleased to — you mucho gusto (P)
messy desordenado, -a (1)
milk la leche (4)
Miss (la) señorita (Srta.) (P)
Monday lunes (P)
  —s los lunes (3)

on — el lunes (3)
month el mes (P)
more más (4)
  — or less más o menos (4)
morning la mañana (3)
  good — buenos días (P)
  in the — por la mañana (3)
mother la madre (5)
movies: to go to the — ir al cine (1)
movie theater el cine (1)
Mr. (el) señor (Sr.) (P)
Mrs. (la) señora (Sra.) (P)
much mucho, -a (2)
  how —? ¿cuánto? (6)
music la música (1, 2)
my mi, mis (3)

name el nombre (5)
  his / her / their — **is** se llama(n) (5)
  my — **is** me llamo (P)
  what's your —? ¿cómo te llamas? (P)
neat ordenado, -a (1)
to **need** necesitar (2)
neither . . . nor ni . . . ni (1)
never nunca (4)
new nuevo, -a (6)
nice amable (1); simpático, -a (5)
  — to meet you mucho gusto (P)
night noche (P)
  at — por la noche (3)
  good — buenas noches (P)
nine nueve (P)
nineteen diecinueve (P)
ninety noventa (5)
no no (P)
nobody, no one nadie (5)
nor: neither . . . —ni . . . ni (1)

not no (P)
  — at all no . . . nada (1)
notebook el cuaderno (2)
November noviembre (P)
number el número (P)
  phone — el número de teléfono (P)

o'clock son las dos, tres, etc. (2)
  it's one — es la una (2)
October octubre (P)
of de (P, 5)
  — course (not) ¡claro que sí (no)! (3)
old viejo -a (5)
  how — are you? ¿cuántos años tienes? (P)
  how — is . . . ? ¿cuántos años tiene . . . ? (5)
  I'm . . . years — tengo . . . años (P)
older mayor (5)
on en (P)
one uno, -a (P)
  it's — o'clock es la una (2)
onion la cebolla (4)
only sólo (5)
  — child el hijo único, la hija única (5)
or o (P)
  not . . . — ni . . . ni (1)
orange la naranja (4)
  — juice el jugo de naranja (4)
orange *(color)* anaranjado, -a (6)
other otro, -a (6)
ought to deber (4)
outgoing sociable (1)

pants los pantalones (6)
pantyhose las pantimedias (6)

paper el papel (P)
  sheet of — la hoja de papel (P)
parents los padres (5)
park el parque (3)
  amusement — el parque de diversiones (3)
party la fiesta (3)
past:
  half- — y media (2)
  quarter — y cuarto (2)
pastime el pasatiempo (3)
patient *adj.* paciente (1)
to **pay** pagar (6)
peas los guisantes (4)
pen el bolígrafo (P)
pencil el lápiz, *pl.* los lápices (2)
people: young — los jóvenes (6)
period la hora (2)
person la persona (5)
phone el teléfono (1)
  on the — por teléfono (1)
  — number el número de teléfono (P)
physical education la educación física (2)
pink rosado, -a (6)
to **play** *(musical instruments)* tocar (1); *(games)* jugar *(u → ue)* (3)
  to — sports practicar deportes (1)
pleased to meet you mucho gusto (P)
pocket folder la carpeta (2)
pool la piscina (3)
potato la papa (4)
  baked — la papa al horno (4)
  French-fried —s las papas fritas (4)
to **practice** practicar (1)
to **prefer** preferir *(e → ie)* (4)
  I — me gusta más (1); prefiero (4)
pretty bonito, -a (5)

purple morado, -a (6)

quarter past y cuarto (2)
quiet callado, -a (1)

to **read** leer (1)
really? ¿de veras? (1); ¡no me digas! (3)
red rojo, -a (6)
  — **-haired** pelirrojo, -a (5)
rice el arroz (4)
right? ¿verdad? (4)
ruler la regla (2)

said *see* **say**
salad la ensalada (4)
sandwich el sandwich (4)
Saturday sábado (P)
  on — el sábado (3)
  —**s** los sábados (3)
to **say:**
  how do you — . . . ?
    ¿cómo se dice . . . ? (P)
  it is said . . . se dice . . .
    (P)
  you don't — ! ¡no me digas! (3)
schedule el horario (2)
school la escuela (1)
  after — después de las clases (3)
science las ciencias (2)
season la estación, *pl.* las estaciones (3)
second segundo, -a (2)
to **see** ver (1)
  let's — a ver (2)
  — **you later** hasta luego (P)
semester el semestre (2)
September septiembre (P)
serious serio, -a (1)

seven siete (P)
seventeen diecisiete (P)
seventh séptimo, -a (2)
seventy setenta (5)
shame: what a —! ¡qué lástima! (3)
she ella (2)
sheet of paper la hoja de papel (P)
shirt la camisa (6)
shoe el zapato (6)
  — **store** la zapatería (6)
shop la tienda (6)
shopping:
  — **center** el centro comercial (3)
  to go — ir de compras (3)
short *(height)* bajo, -a (5);
  (length) corto, -a (6)
shorts los pantalones cortos (6)
should deber + *inf.* (4)
sick enfermo, -a (3)
sir señor (6)
sister la hermana (5)
six seis (P)
sixteen dieciséis (P)
sixth sexto, -a (2)
sixty sesenta (5)
to **skate** patinar (1)
skirt la falda (6)
small pequeño, -a (5)
smart inteligente (5)
snack: afternoon — la merienda (4)
sneakers los tenis (6)
so: isn't that —? ¿verdad? (4)
soccer el fútbol (3)
sock el calcetín, *pl.* los calcetines (6)
social studies las ciencias sociales (2)
soft drink el refresco (4)
some unos, unas (4)
something algo (4)
sometimes a veces (1)
son el hijo (5)

  —**s and daughters** los hijos (5)
sorry: I'm — lo siento (2)
so-so así, así (P)
soup la sopa (4)
Spanish *(language)* el español (2)
spell:
  how do you — . . . ?
    ¿Cómo se escribe . . . ? (P)
  it's spelled se escribe (P)
spiral notebook el cuaderno (2)
sports los deportes (1)
spring la primavera (3)
to **start** empezar *(e → ie)* (2)
steak el bistec (4)
stingy tacaño, -a (1)
store la tienda (6)
  clothing — la tienda de ropa (6)
  department — el almacén, *pl.* los almacenes (6)
  discount — la tienda de descuentos (6)
student el / la estudiante (P)
to **study** estudiar (1)
summer el verano (3)
Sunday domingo (P)
  on — el domingo (3)
  —**s** los domingos (3)
sweater el suéter (6)
sweatshirt la sudadera (6)
to **swim** nadar (1)
swimming pool la piscina (3)

table la mesa (P)
to **talk** hablar (1)
  to — **on the phone** hablar por teléfono (1)
tall alto, -a (5)
tape recorder la grabadora (2)
tasty sabroso, -a (4)

tea el té (4)
  iced — el té helado (4)
to **teach** enseñar (2)
teacher el profesor, la
  profesora (P)
telephone el teléfono (1)
  on the — por teléfono (1)
television la tele(visión) (1)
  to watch — ver la
  tele(visión) (1)
ten diez (P)
tennis el tenis (3)
thank you gracias (P)
that que (5); *adj.* ese, esa (6)
  isn't — so? ¿verdad?(4)
  —'s too bad! ¡qué lástima!
  (3)
the el, la, los, las (P, 2)
theater *(movie)* el cine (1)
them *after prep.* ellos, ellas
  (3); los, las *dir. obj. pron.*
  (6)
there allí (2)
  — is / are hay (P)
  — it is allí está (2)
these *adj.* estos, estas (6)
they ellos, ellas (2)
to **think** creer (4)
  I don't — so creo que no
  (4)
  I — so creo que sí (4)
third tercer, -a (2)
thirsty: to be — tener sed
  (4)
thirteen trece (P)
thirty treinta (P)
this *adj.* este, esta (6)
those *adj.* esos, esas (6)
three tres (P)
  — -ring binder la carpeta
  de argollas (2)
Thursday jueves (P)
  on — el jueves (3)
  —s los jueves (3)
tidy ordenado, -a (1)
time la hora (2)
  at —s a veces (1)

at what —? ¿a qué hora?
  (2)
what — is it? ¿qué hora
  es? (2)
tired cansado, -a (3)
to a (3)
  — the a la, al (1, 3)
toast el pan tostado (4)
today hoy (P)
  not — hoy no (3)
  what's the date —? ¿cuál
  es la fecha de hoy? (P)
tomato el tomate (4)
  — soup la sopa de tomate
  (4)
tomorrow mañana (P, 3)
too también (1)
  me — a mí también (1)
T-shirt la camiseta (6)
Tuesday martes (P)
  on — el martes (3)
  —s los martes (3)
twelve doce (P)
twenty veinte (P)
twin el gemelo, la gemela
  (5)
two dos (P)

ugly feo, -a (5)
uncle el tío (5)
unfriendly antipático, -a (5)
unpleasant antipático, -a (5)
us *after prep.* nosotros, -as
  (3)
usually generalmente (3)

vegetables las verduras (4)
  — soup la sopa de
  verduras (4)
very muy (P, 1)
video game el videojuego
  (3)
volleyball el vóleibol (3)

to **want** querer *(e → ie)* (3)
  I / you — quiero, quieres
  (3)
to **watch** ver (1)
water el agua (4)
we nosotros, -as (2)
to **wear** llevar (6)
Wednesday miércoles (P)
  on — el miércoles (3)
  —s los miércoles (3)
week la semana (P)
weekend el fin *(pl.* los fines)
  de semana (3)
welcome: you're — de
  nada (3)
well bien (P); *(to indicate
  pause)* pues (1)
what? ¿cuál? (P); ¿qué? (2)
  —'s your name? ¿cómo
  te llamas? (P)
when? ¿cuándo? (P)
where? ¿dónde? (3)
  from —? ¿de dónde? (P)
  (to) —? ¿adónde? (3)
white blanco, -a (6)
which?, which one(s)?
  ¿cuál(es)? (4)
who que (5)
who? whom? ¿quién(es)?
  (2, 5)
why? ¿por qué? (3)
winter el invierno (3)
with con (1, 3)
  — me conmigo (3)
  — you contigo (3)
woman la mujer (5)
wonderful! ¡genial! (3)
would *see* **like**

year el año (P)
  I'm . . . —s old tengo
  . . . años (P)
  to be . . . —s old tener
  . . . años (P, 5)
yellow amarillo, -a (6)

yes sí (P)

you *fam.* tú; *formal* usted
(Ud.) (P, 2); *pl.* ustedes
(Uds.); *pl. fam.* vosotros,
-as (2); *dir. obj. pron.* lo,
la, los, las (6); *fam. after
prep.* ti (1)

young joven (5)
— **lady** la joven (6)
— **man** el joven (6)
— **people** los jóvenes (6)
younger menor (5)
your tu (2); tus (3)
what's — name? ¿cómo

te llamas? (P)
yuk! ¡qué asco! (4)

zero cero (P)

Índice

In almost all cases, structures are first presented in the *Vocabulario para conversar,* where they are practiced lexically in conversational contexts. They are explained later, usually in the *Gramática en contexto* section of that chapter. Light-face numbers refer to pages where structures are initially presented or, after explanation, where student reminders occur. **Bold-face numbers** refer to pages where structures are explained or otherwise highlighted.

ACKNOWLEDGMENTS

Illustrations Rod Vass: pp. **VI, 7, 10, 13, 15–16, 18, 21, 23, 87–89, 91, 96, 103**; Min Jae Hong: pp. **VII, XII, 44–45, 248–249**; Pat Lenihan Barbee: pp. **VIII**; Elizabeth Wolf: pp. **X, 150–151, 153, 158–159, 161,162–163, 167, 169–170, 176–177, 180, 185**; Rob Porozinski: pp. **X, 165**; Lori Osiecki: pp. **XIII, 266–267**; Neverne Covington: pp. **11, 46, 125**; Peg Magovern: pp. **30–33, 35, 38–42, 50, 56–57, 63**; Arthur Friedman: p. **42**; Andy Myer: p. **54**; James Mellett: pp. **68–71, 73, 76–79, 97, 103**; Joe VanDerBos: pp. **84–85**; Rob Porazinski: p. **98**; Pat Lenihan-Barbee: p. **99**; Tom Bachtell: pp. **108–111, 113, 116–121, 128–129, 135, 137, 143**; Dan Clyne: p. **134**; Steven Mach: pp. **138–139, 206–207**; Jean Cassels: pp. **140–141, 154**; Joseph Scrofani: pp. **148–149, 156–157, 185**; Tuko Fujisake: p. **160**; Susan Blubaugh: p. **173**; Patti Green: p. **180**; Karen Pritchett: pp. **190–191, 193, 197, 200–202, 205, 206–207, 212, 214, 227**; Deborah Melmon: pp. **232–237, 239, 242–246, 253–256, 262–263, 271**; Fran Lee: p. **260**; Steve Musgrave: p. **263**; Betsy Everitt: pp. **264–265**, Mike Hagel: p. **269**. Unless acknowledged otherwise, all photos are the property of ScottForesman & Company.

Photographs **Front Cover:** Sherlyn Bjorkgren/DDB Stock Photo; **Back Cover:** Joe Viesti; **II:** Joe Viesti; **IV:** (t)Courtesy Michelle Ryan; (b)Courtesy Rosi Marshall; **VI:** Chip and Rosa María de la Cueva Peterson; **VI–V:** Chip and Rosa María de la Cueva Peterson; **V:** Frerck/Odyssey/Chicago; **VIII:** Ulrike Welsch; **IX** (t)©Tony Arruza; (c)Frerck/Odyssey/Chicago; (b)Ulrike Welsch; **XIII:** Peter Menzel/Stock Boston; **XVI–1:** Miriam Lefkowitz/Envision; **2:** ©Peter Menzel; **3:** Beryl Goldberg, Photographer; **5:** Sherlyn Bjorkgren/DDB Stock Photo; **6:** (tl)Bob Daemmrich/The Image Works; (tr)Chip and Rosa María de la Cueva Peterson; (c)Richard Hutchings/PhotoEdit; (b)Bob Daemmrich/Stock Boston; **8:** ©Ken Laffal; **19:** David Ryan/DDB Stock Photo; **25:** (t)David Phillips; (c)Chip and Rosa María de la Cueva Peterson; (b)Beryl Goldberg, Photographer; **26–27:** Beryl Goldberg, Photographer; **28:** Chip and Rosa María de la Cueva Peterson; **29:** (t)Chip and Rosa María de la Cueva Peterson; (b)Beryl Goldberg, Photographer; **36:** ©Diane Joy Schmidt; **37:** (t)Beryl Goldberg, Photographer; (b)Chip and Rosa María de la Cueva Peterson; **42:** The Kobal Collection; **44:** (t)Frerck/Odyssey/Chicago; (l)David R. Frazier PhotoLibrary; (c)Nancy d'Antonio; (b)David R. Frazier PhotoLibrary; **45:** Frerck/Odyssey/Chicago; **46:** Giraudon/Art Resource, New York; **51:** Illustration by John Borgman/©Creative Therapy Associates, Inc.; **53:** Chip and Rosa María de la Cueva Peterson; (inset)Bob Daemmrich/The Image Works; **55:** Owen Franken/Stock Boston; **61:** Frerck/Odyssey/Chicago; **64–65:** Bob Daemmrich Photography; **66:** ©Peter Menzel; **67:** (t)Ulrike Welsch; (b)Bob Daemmrich Photography; **73:** Cameramann International, Ltd.; **75:** Ulrike Welsch; **77:** ©Peter Menzel; **80:** David R. Frazier PhotoLibrary; **81:** Ulrike Welsch; **93:** Rob Crandall/The Image Works; (inset)Ulrike Welsch; **97:** Ulrike Welsch; **104–105:** Ulrike Welsch; **106:** Frerck/Odyssey/Chicago; **107:** (t)©Tony Arruza; (b)Ulrike Welsch; **111:** (l)Owen Franken; (r)Ulrike Welsch; **114:** Ulrike Welsch; **115:** (t)Tom Gibson/Envision; (b)D. Donne Bryant; **120:** Chip and Rosa María de la Cueva Peterson; **126:** Tim Gibson/Envision; **128:** Frerck/Odyssey/Chicago; **132:** Frerck/Odyssey/Chicago; **133:** Frerck/Odyssey/Chicago; **136:** Stuart Cohen/Comstock; **140:** Courtesy Pacific Trading Cards, Inc.; **142:** Ulrike Welsch; **144–145:** Comstock; **146:** John Neubauer/PhotoEdit; **147:** (t)John Neubauer/PhotoEdit; **150** Courtesy Royal Festival Hall, Hayward Gallery of the South Bank Centre. Private Collection; **155** (t)Chip and Rosa María de la Cueva Peterson; (b)Ulrike Welsch; **159** Scala/Art Resource, New York; **161** Thomas Hoepker/Magnum Photos; **171** Ulrike Welsch; **172** Steve Vidler/Leo de Wys, Inc.; **173** Tony Freeman/PhotoEdit; **174** ©Loren McIntyre; **175** (t)Tony Freeman/PhotoEdit; (b)CLEO/PhotoEdit; **177** ©Robert Fried; **186–187** ©Robert Fried; **188** Suzanne Murphy/Tony Stone Images; **189** (t)Joe Viesti; (b)Miriam Lefkowitz/Envision; **197:** Frerck/Odyssey/Chicago; **205:** Bob Daemmrich/Stock Boston; **208:** (t)Scala/Art Resource, New York; (b)Courtesy Carmen Lomas Garza/Photo by Wolfgang Dietz; **210:** Tony Freeman/PhotoEdit; **211:** Beryl Goldberg, Photographer; **215:** Bob Daemmrich/Stock Boston; **216:** Suzanne Murphy Larronde; **217:** (t)Tony Alfaro/DDB Stock Photo; (b)Ulrike Welsch; **218:** Courtesy *Furia Musical*; **219:** ©Rice Wagner; **221:** ©Jack Parsons; **228–229:** Suzanne Murphy Larronde; **230:** Frerck/Odyssey/Chicago; **231:** (t)Chip and Rosa María de la Cueva Peterson; (b)Joe Viesti; **237:** Frerck/Odyssey/Chicago; **240:** (t)Mark Antman/The Image Works; (b)Chip and Rosa María de la Cueva Peterson; **241:** David R. Frazier PhotoLibrary; **255:** Frerck/Odyssey/Chicago; **258:** Joe Cavanaugh/DDB Stock Photos; **259:** (t)Peter Menzel/Stock Boston; (bl)Bob Daemmrich Photography; (bc)Stacy Pick/Stock Boston; (br)Don Pitcher/Stock Boston; **268:** Courtesy Puerto Rican Tourism Company.